Paracord Fusion Ties - Volume 2
by J.D. Lenzen

First designed and published in the United States of America in 2013 by Flagship Press
Authors Site: TIATknots.com

Copyright ©2013 J.D. Lenzen

Japanese edition published in Japan in 2015 by
Graphic-sha Publishing Co., Ltd.
1-14-17 Kudankita, Chiyoda-ku, Tokyo 102-0073 Japan

Japanese text and design
Copyright © 2015 Graphic-sha Publishing Co., Ltd.

Images prepared for Japanese edition
Copyright © 2015 Graphic-sha Publishing Co., Ltd

All rights reserved. No part of this book may be reproduced, stored in a retrieval system,
or transmitted by any means, without written permission from the publisher,
except by a reviewer who may quote brief passages in a review where appropriate credit is given.

Because of the dynamic nature of the Internet, any web addresses or links
contained in this book may have changed since publication and may no longer
be valid. Further, any and all vendor information provided in this book does
not constitute an endorsement or recommendation by the publisher of the source.

ISBN 978-4-7661-2765-1 C2076

Printed in Japan

Japanese edition creative staff
Author: J.D. Lenzen
Supervisor: Monju en-kin Studio
Editing: Yoshida Kasai (Graphic-sha Publishing Co., Ltd.)
Cover design and production: lemàs
Step-by-step instructional photographs: J.D. Lenzen
Cover & non-pleated design photographs: Sansh! Naoae
(Cowrp #: 207216, 15452-537R50FR08-697R54-84P802-10527-10931-124-132PB13-P1
Japanese translation: Kumi Sato
Book design: Kazumi Yamakoshi-san
Project coordinator: Kohei Sase

Paracord Fusion Ties - Volume 2
by J.D. Lenzen

First designed and published in the United States of America in 2013 by 4th Level Indie
Author's Site: fusionknots.com

Copyright ©2013 J.D. Lenzen.

Japanese edition published in Japan in 2015 by
Graphic-sha Publishing Co., Ltd.
1-14-17 Kudankita, Chiyoda-ku, Tokyo 102-0073, Japan

Japanese text and design
Copyright © 2015 Graphic-sha Publishing Co., Ltd.

Images prepared for Japanese edition
Copyright © 2015 Graphic-sha Publishing Co., Ltd.

All rights reserved. No part of this book may be reproduced, stored in a retrieval system,
or transmitted by any means, without written permission from the publisher,
except by a reviewer, who may quote brief passages in a review where appropriate credit is given.

Because of the dynamic nature of the Internet, any web addresses or links
contained in this book may have changed since publication and may no longer
be valid. Further, any and all vendor information provided in this book does
not constitute an endorsement or recommendation by the publisher or the author.

ISBN 978-4-7661-2765-2 C2076

Printed in Japan

Japanese edition creative staff
Author: J.D. Lenzen
Supervisor: Märchen Art Studio
Editing: Yoshiko Kasai (Graphic-sha Publishing Co., Ltd.)
Piece design and production: tama5
Step-by-step instructional photographs: J.D. Lenzen
Cover & completed design photographs: Satoshi Nagare
(Cover/P.1-2/P.7/P.14-15/P.32-33/P.50/P.68-69/P.84-85/P.102-103/P.124-125/P.160)
Japanese translation: Kumi Sato
Book design: Kazaito seisakushitsu
Project coordinator: Kumi Sato

「フュージョン結び」でパラコードクラフトを楽しもう！

フュージョン結び（Fusion Ties）とは？

マクラメ、ロープワーク、アジアンノットなど、さまざまな飾り結びの要素やテクニックを
フュージョン（融合）することで生まれた革新的な飾り結びのこと。

この本の制作にあたり、サポートとインスピレーションを与えてくれた人たちに感謝します。クリフォード・W・アシュリー、両親（ジムとバーバラ）、スティーブ・デイビス、ラウラ・ニール、メイナード・デモンと彼の子どもたち（ケイリーン、ヘイリー、ヘイデン）、ジョシュ・グリーンワルト、YouTube チャンネル『Tying It All Together』の視聴者のみなさん、そしてフュージョン結びコミュニティのメンバーのみなさん。とくに私のオンラインビデオを支持し続けてくださっているみなさんがいなければ、本書が形になることはありませんでした。

そして……妻であり私のミューズでもあるクリステン・カコスへ、最大級の感謝を。君の存在は私の人生に喜びと安らぎ、そして創造の自由をもたらしてくれます。君が与えてくれるすべてに、永遠に感謝します。

＜ご注意ください＞
本書では、道具づくりのアイディアやサバイバルに使える結びも紹介しています。これらは緊急時に役立つことを想定したテクニックではありますが、出版社および著者は、本書に掲載されたテクニックの使用、または誤った使用により生じた損失や怪我、損害などにつきましては責任を負いかねますのでご了承ください。

CONTENTS

「フュージョン結び」で
パラコードクラフトを楽しもう！………………02
この本を手にしてくれたみなさんへ……………04
パラコードってどんなもの？……………………06
この本の使い方…………………………………08
この本で使う用語………………………………11

Chapter 01
Innovative Zipper Sinnets
革新的なくさり結び

くさり結び………………………………………16
厚地くさり結び…………………………………19
ジェノバ風くさり結び…………………………22
歯舌結び…………………………………………25
芯入りくさり結び………………………………28

Chapter 02
Twisted, Bumpy, & Flowing Bars
ねじれ・凹凸・流れのある結び

カーブステッチング平結び……………………34
シークレットリバー結び………………………37
クルックリバー結び……………………………40
巻きつけ平結び…………………………………43
シュール平結び…………………………………46

Chapter 03
Coronation of Crown Sinnets
四つだたみのバリエーション

丸四つだたみ……………………………………51
カバーリング四つだたみ………………………54
コークスクリュー四つだたみ…………………56
ストライプ四つだたみ…………………………59
レインボー四つだたみ…………………………62

Chapter 04
Sine Wave Sinnets
サインウエーブ結びのバリエーション

サインウエーブ結び……………………………70
色分けサインウエーブ結び……………………72
ワイドサインウエーブ結び……………………74
テンプルタワー結び……………………………77
デザートフラワーメダル………………………80

Chapter 05
Den of Snakes
つゆ結びのバリエーション

つゆ結び…………………………………………86
色分けつゆ結び（芯入り）………………………88
ツインつゆ結び…………………………………90
つゆ結び入りロングステッチエンドレスフォール……92
ティキバー………………………………………96

Chapter 06
Bushcraft & Tactical Ties
サバイブに役立つ結び

シングルコードの投石器………………………104
フラッシュライトストラップ…………………107
すべり止めグリップカバー……………………110
緊急時用雪メガネ………………………………113
ブッシュサンダル………………………………117

Chapter 07
Pouches, Baskets, & Secret Spaces
ポーチ・カゴ・秘密の収納

シークレットケース（オリジナルバージョン）………126
六角シークレットケース………………………129
ボルトバスケット………………………………132
折りたたみナイフポーチ………………………136
ドラゴンエッグポーチ…………………………141

作品のつくり方…………………………………147

Introduction
この本を手にしてくれたみなさんへ

　すべての結び目は1本のコードを結んだものだ。ちょっと考えてみてほしい——本書をご覧のみなさんは（またはこれから見る人も）おそらくそうだと思うが——コードを手にして結ぼうと思ったとき、じつのところそこには莫大な種類の結び方が存在する。私はコードを手にするたび、いつもこのことを考えている。多種多用な結び方が存在するという事実は、私の創作にインスピレーションを与え、結び目をデザインする基礎となる。さらに、これまでに私が見つけて試したあらゆる材料のなかで、パラコードほど潜在能力の高いものはほかになく、この素材も大切なひらめきのもととなっている。

　パラコードは積荷の固定やテントの設置といったロープとしての用途のほかに、アウトドアツールをつくったり切れた靴ひもの代わりにしたり、ズボン用ベルトを即席でつくったりといったことにも使える。そのほかにもさまざまなシチュエーションで役立つ素材の魅力もあって、パラコードクラフトは世界中に広がり、愛好者が増えている。インターネット上には多くのパラコードユーザーのコミュニティが生まれ、クラフト愛好者のグループがある一方、緊急時の備えとしてのパラコードとその結び方の情報交換をしているコミュニティもある。この本ではみなさんがどのコミュニティに属していても役立つ基礎とプラスアルファのテクニックを紹介している。

　具体的にあげると、ブレスレットやキーホルダーといったアクセサリーだけでなく、アウトドアの定番ツールをより使い勝手よくするためのストラップや容器、さらに道具自体をつくる方法など。これらをわかりやすく、オールカラーでステップごとに説明している。この一冊で、基本から応用にいたるまで、パラコードの知識が深まることうけあいだ。

　実用的なパラコードアイテムは、キャンプや登山、サバイバルゲームといったアウトドアの活動をするときに効力を発揮するようにデザインされている。たとえば、次のような具合だ。

サンダル：足を保護し、とても頼りになるアイテム。足へのダメージを避けジャンプしたり登ったり走ったりすることもできる。

緊急時用雪メガネ：雪山や雪原での強い紫外線による目のダメージを軽減することができる。

アウトドアナイフ用グリップ：すべり止めのグリップとストラップをつけることで、ナイフを使いやすくし、かつ手から落ちにくくする。

シングルコードのロックスリング（投石器）：わずか数分で結ぶことができる即席の武器で、自分の身を守るときや、効率的に獲物を狙うときに使うことができる。

　以上はほんの一例で、ほかにも本書では知っておくと役立つ結びを数多く紹介している。万一、砂漠で立ち往生したり、温帯多雨林やツンドラの凍土を歩いたり、ほかにもさまざまな厳しい環境に直面したとき、パラコードを携帯していれば本書で紹介するアイテムがあなたの生命を救うかもしれない。

　この本ではスタイリッシュかつ有益で、救命にも使えるものを網羅したつもりだが、それらは単に結びのハウトゥーを目的としたものではない。それ以上に、みなさんが自分でも新しい結びを考えることができるように組み立てている。はじめに言った「すべての結び目は1本のコードを結んだもの」という前提は単にこの本で紹介している結びに限ったことではなく、過去から現在、未来まで、これまで発明されたすべての結びにあてはまる。

＊1944年刊行の結びのテクニック本。伝統的なものからオリジナルまで3900種以上の結びを収録した、飾り結びのバイブル的存在。

いいかえれば本書に収録した作品は、あらゆる結びのなかのほんの一部にすぎない。もちろん本書で紹介した35種の結びを習得してスキルアップすることはできる。しかし、それで終わっていいのだろうか？

みなさんが本書に収録したテクニックへの理解を深めていくと、元々もっていた知識と組み合わせることができるようになるはずだ。まずは本に掲載されているものから自分の好きなものを製作し、テクニックをよく理解する。その次に作品が有用なものだと感じたら、さらに自分でアレンジしてみよう。私がそうであるように、みなさんにもアレンジにより何百通りもの新しい結びをつくり出すことができるだろう。そうすれば、オリジナルの結びを世界へ発信し共有することが、みなさんにも可能になる。

私は書籍やYou Tubeビデオチャンネル『Tying It All Together (TIAT)』を通してフュージョン結びを紹介しているのだが、たびたび「新しい結びはどうやって思いつくのですか？」という質問をされる。その答えはシンプルだ。たったいまみなさんに提唱したことを、そのまま実行しているだけ。フュージョン結びの原理をくり返し学び、そのテクニックを何度も反復する。毎日それをくり返しているだけなのだ。

フュージョン結びについてリサーチし、関連物を読み、勉強を何年間も積み重ねた結果、私にとって結びは、今では言語の役割を持ち、私の考えやアイデアを自然な形で表現できる方法なのだと気づいた。ツイスト、ターン、ループは文字であり、結び目は単語あるいは文章に相当する。1本のコードはシンプルな単語や単文、2本以上のコードを使えば、より複雑な単語や重文を表現することができる。この"言語"を私はフュージョン結びと呼び、コードを用いて詩や散文を書いている感覚だ。型破りな表現に聞こえるかもしれないが、私がコードを結ぶときはこんな感覚なのだ。

だからみなさんには、本書をはじめとするフュージョン結びの本や動画に加え、結びに関するさまざまなソースからたくさんのことを吸収してほしい。しかし、どんな教本から得た技術も、自分が思いついたオリジナル結びにはおよばないということも覚えていてほしい。

以下は、クリフォード・W・アシュリー（『The Ashley Book of Knots』*の著者）が、シーストーリーズマガジンという雑誌の編集者だったA.Lセッションズへ宛てた手紙のなかの一文だ。
「私は実用性が高く、デコラティブでもある新しい結び目を発明し、好きな横断面の形にひもを組み上げる新しい方法を数多く生み出してきた」

アシュリーがそうだったように、みなさんにも自分自身の知識をもとに新しい結びを創造し、そのテクニックのパイオニアとして世界に向けそれを共有できる可能性がある。本書がみなさんのオリジナル創作の助けとなることが私の望みだ。これから本書で習得しようとしている内容は私ができることをデモンストレーションしているのではなく、みなさんができることをデモンストレーションしている。本書を読んでさらにフュージョン結びの理解を深め、みなさん自身の手で新たなテクニックを生み出してほしいと心から願っている。

Tying it All Together 代表　ジェイ・ディー・レンゼン

About Paracord
パラコードってどんなもの？

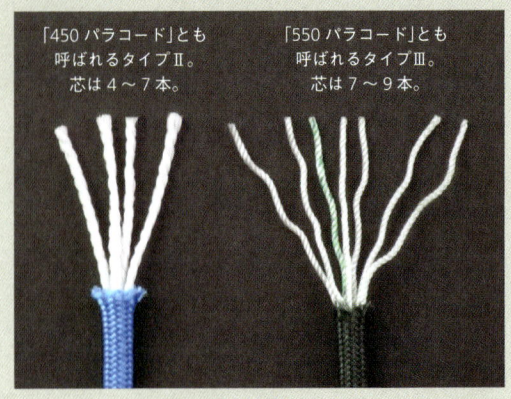

「450パラコード」とも呼ばれるタイプⅡ。芯は4〜7本。

「550パラコード」とも呼ばれるタイプⅢ。芯は7〜9本。

What is Paracord ?
パラコードとは？

　パラコードはナイロン製の軽量なひもで、芯となる数本の撚り糸をぐるりと編み地でおおったつくり。撚り糸は伸ばしたりひっぱったりしたときに最大の強度を発揮する。そしてまわりの編み地は、撚り糸を磨耗から保護する役割を果たす。パラコードという名前は、このひもが元々は第二次大戦中に米軍でパラシュートの吊り下げひもとして使われていたことに由来する。実用性にすぐれたパラコードを、パラシュート部隊の兵士たちは地上でもさまざまな仕事に使っていたそうだ。

　ほかの軍用素材や技術と同様に、パラコードはやがて民間でも活用されるようになった。当初、その利用は兵役期間中にパラコードに慣れ親しんだ退役軍人たちによって広められていき、その後はミリタリー系のコレクターやハンター、サバイバルゲームの愛好家たちも、パラコードの普及に大きな役割を果たした。最近ではDIYを趣味とする人たちや、成長を続けるパラコードクラフトのコミュニティに集う人たちも、パラコードのユーザーになっている。

Types of Paracord
パラコードの種類

　米軍では、パラコードをひっぱり強度の違いや芯の数や有無により、タイプⅠ・ⅠA・Ⅱ・ⅡA・Ⅲ・Ⅳという6種に分類している。このうちパラコードクラフトにとくに向いているのは、タイプⅡ・Ⅲの2種類。タイプⅡは450パラコードとも呼ばれ（耐荷重量が450ポンド≒180kgであることから）、芯の撚り糸は4〜7本。タイプⅢは550パラコードとも呼ばれ（同じく550ポンド≒250kg）、芯の撚り糸は7〜9本。

　私はしなやかで（作業をするときにとてもあつかいやすい）カラーバリエーションも豊富な450パラコードが気に入っているので、この本でも450パラコードを使用している。しかし、フュージョン結びのテクニックは550パラコードやほかのタイプのパラコード、さらにはヘンプ、サテンリボン、布、革のコード、はたまたワイヤーなど、あらゆるひもで実践することができる。とにかくまずは、結んでみよう！

※本書各章冒頭の作品紹介ページの作品は、日本語版オリジナルコンテンツとして、メルヘンアートの「メルヘン アウトドアコード（ポリエステル製）」[450パラコード仕様／耐荷重量180kg／直径約3mm／全25色／右ページ写真の色番号に＊印がついている色は、リフレクター（反射素材）が編み込まれた暗所で光るタイプ]、および用具を使用しています。コード、用具についてのお問い合わせは下記へお願いします。

川端商事株式会社　〒541-0057　大阪市中央区北久宝寺町1-7-6　TEL 06-6271-0991 / FAX 06-6264-6827
メルヘンアート株式会社　〒130-0015　東京都墨田区横網2-10-9　TEL 03-3623-3760 / FAX 03-3623-3766　www.marchen-art.co.jp

Paracord Craft Miracle Book   About Paracord   07

| 1630 パープル | 1629 ブルー | 1627 スカイブルー | 1628 アクアマリン | 1625 イエローグリーン | 1626 グリーン | 1641 アーミーグリーン | 1640 カーキ |

| 1621 レッド | 1622 マゼンタ | 1623 オレンジ | 1624 イエロー | 1639 ホワイト | 1631 * レフ-ホワイト | 1632 * レフ-グレー | 1633 * レフ-ブラック |

| 1635 アーミーカモ | 1634 サンドカモ | 1637 フレンチカモ | 1636 イタリアンカモ | 1645 フェスカモ | 1644 キャンディカモ | 1638 レインボーカモ | 1643 ダイヤモンドカモ | 1642 ストロベリーカモ |

About This Book
この本の使い方

Instruction Format
プロセス解説について

　この本では、さまざまな結び方を見本通りにきれいに結ぶために必要な説明を、写真でなるべく詳しく紹介し、文章での説明は最小限にとどめている。ただしどの結びにも共通するコードの端の仕上げ処理(端のカットと「焼き止め」処理)については、10ページで手順を詳しく説明し、Chapter01以降のプロセス解説では「コードの端を慎重にカットし、焼き止めする」などと、文章だけで処理のタイミングを示した。また、「2本組みダイアモンドノット」や「4本組みダイアモンドノット」のように、ひんぱんに使うテクニックについては初出時に詳しく解説し、その後は初出ページを参照するよう案内している。

　また、それぞれの結びのハウトゥーの最初には、完成写真とともにみなさんが実際に結ぶときに役立つデータも記載した。データの種類は次の3種類。
①**用尺**→ 写真の作品を結ぶために必要なコードの長さと本数
②**テクニック**→ 使用する主要なテクニック
③**Tips**→ デザインやテクニックについてのちょっとしたコツやアドバイス

Notable Knots
ひんぱんに使うテクニック

　次の4種類のテクニックは、本書でご紹介する多くの作品に組み込まれている。
①**2本組みダイアモンドノット(玉結び)**→P.17
②**ウォールノット**→P.52
③**4本組みダイアモンドノット(玉留め)**→P.57
④**6本組みダイアモンドノット**→P.64

　①は作品をブレスレットに仕立てる際、片方のループにひっかける留め具の役割を果たす結び。また②〜④は結びがほどけないよう端を固定する留め結びにあたる。後者の3種類は、ほかにも2本組みダイアモンドノットのような留め具的な結びを結ぶ前の、つなぎとして使うこともある。

※ダイヤモンドノットは時計まわりにも反時計まわりにも結ぶことができるが、本書では便宜的に2本組みダイアモンドノットは反時計まわり、4本組みダイアモンドノットは時計まわりに結んでいる。

Special Sizing
必要なコードの長さについて

　「長さ25cmのブレイズバーのベルトをつくるには、何mのパラコードが必要ですか?」などと、パラコードの用尺(必要な長さ)を尋ねられることがよくある。しかし、じつはこの質問には簡単には答えることができない。それは、次のような理由から。

　A)パラコードはメーカーの違いにより、伸縮性や太さなどにばらつきがある。
　B)その人の手加減により結び目の詰まり具合が違

い、用尺も違ってくる。

　C）結びの種類によっては、結びはじめ、中盤、結び終わりなど段階により用尺が変わってくる場合もある（結びはじめは5cmあたり30cmでも、中盤は5cmあたり25cmでいい、といった具合に）。

　さらに、もし誰かが私の見積りにしたがってパラコードを購入し、作品づくりに挑戦したものの、用尺よりも短すぎたり長すぎたりする結果になれば、私は間違いを教えたことになってしまう。だからふだん、用尺についての質問には具体的に答える代わりにその人自身で計算をするためのアドバイスをしている。

　私がアドバイスしているのは、試し結びをして基準とする寸法に必要な用尺を測ること。これをすれば、つくりたい作品についてその人ごとの用尺がおおむね把握できるのだ。その方法は、ごく短く、たとえば3cmほど試し結びをし、それをほどいて使用したコードの長さを測るだけ。そして測ったコードの長さを基準にして、つくりたい作品の長さを結ぶには何mのコードが必要になるかを見積もるのだ（たとえば3cmに60cmのコードを使用していたら、18cm結ぶためには6倍の3.6mのコードが必要だとわかる）。

Reproduction & Sales
複製と販売について

　私が本や動画で紹介しているフュージョン結びの作品についての「販売してもいいですか？」という質問について。答えはイエスだ。もちろんだ！　みなさんが募金活動や利益のため、またはギフト用などのさまざまな機会に、私が紹介している飾り結びを使ってくれることこそ私がさまざまな結びを紹介する目的であるのだから。

　その際、結びの名称を変更せずに使ってもらえるとありがたいのだが、最終的にはみなさんの判断におまかせする。だからフュージョン結びに需要があると思ったときは、オンラインはじめ可能な方法でちゅうちょなくビジネスをはじめてほしい。ただひとつだけ、約束してほしいことがある。それはみなさんの暮らしに経済的な余裕ができて収入のうちのいく分かでも寄付などを通じてコミュニティに還元できるようになったら、ぜひそれを実行するということ。フュージョン結びがみなさんに与えたギフトを、また次の誰かにパスしてほしいのだ。

Snipping & Singeing
コードの端の始末──カットと焼き止め

　パラコードは芯も外皮もナイロン製なので、加熱すると軟化し、冷やすと再びかたくなる性質をもっている。ナイロンが軟化するのは加熱により液化するためなのだが、軟化しているときには整形し、形を変えることができる。パラコードも同様に、コードの端を火であぶると溶けてガラス質に変化するので、軟化しているうちに周囲のコードになじませたり、表面を整えたりすれば、端を目立たなくしたり、ほつれにくくすることができる。

このようにコードの端を焼く処理を「焼き止め」と呼ぶ。パラコードの端はそのままにしておくとほつれたり芯が抜けたりするため、焼き止めは不可欠だ。必要な道具は、はさみとライター。はさみはよく切れるクラフト用のもの（散髪用などでも代用可能）、ガスライターはアウトドア用や日曜大工のハンダ付けに使用するものなど、ノズルが長いターボ式のものがおすすめだ。手順は次ページの通り。

コードの焼き止めの手順

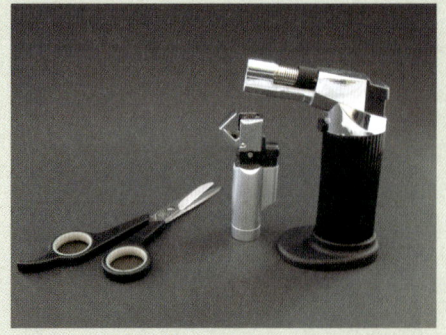

01 はさみとガスライターを準備する。

02 結ぶ作業が終わったら、コードのあまった部分を慎重にはさみでカットする。

03 余分なコードをカットしたら……

04 ライターを近づける。ライターの火口から両手が離れていることを確認する。

05 カットしたコードの端の片方を、すばやく焼き（ほんの1、2秒間）……

06 反対側のコードの端も同様に焼く。コードの端がガラス質に変化しているうちはまだやわらかいので……

07 さわっても熱くない程度になったら、親指で整形しまわりとなじませる（スプーンなどで整形してもいい）。

08 これでパラコードの端の焼き止め処理は無事終了！

Warning

焼き止めとコード端の処理についての注意事項

★注意①：パラコードの端をライターであぶるときや溶かしたコードの端を整形するときには、やけどをしないようくれぐれもご注意を。また大人の目の行き届かないところで、お子さまがライターやはさみを使わないよう注意しよう。君が子どもなら、ひとりで作業せずかならず大人に手伝ってもらおう。

★注意②：パラコードは性質上、コードの端をそのままにしておくと外側の編み部分がほつれたり、芯が抜けてしまったりするため仕上げには必ず焼き止めをしよう。また、結びはじめる前に用尺のコードをカットしたときにも、作業しやすくするためまず両端を焼き止めしておくのがおすすめ。

Twists & Terms
この本で使う用語

この本の解説によく登場する言葉、名称、専門用語などを一覧にまとめた。
テクニックのポイントになる意味をもつ言葉もあるので、まずチェックしておこう。

【か行】

飾り結び
フュージョン結び、ロープワーク、マクラメ、アジアンノットなど、ひもで装飾的な結び目をつくるクラフトの総称。

固定する
コードをある位置にしっかり押さえてとめること。

コード
細長いひも、またはパラコードの略称。

【さ行】

仕上がり寸法
作品の完成時のサイズ。

芯ひも
平結びの芯ひも(P.12「結びの部分名称」図参照)のように、飾り結びの芯になるひものこと。多くの場合、必要な長さは仕上がり寸法程度。

すばやくほどける結び
完成した状態から元のコードに簡単、すばやく戻せるタイプの結びのこと。

【た行】

伝統的な結び
IGKT が ABOK を改訂した 1979 年以前に発見されたり、開発されたりした結び方のこと。

時計まわりのループ
2本のコードの交点で左が上になって重なっているループ。または結びひもを時計まわりに動かし、ひも端側を上にして重ねたループ。

【は行】

パーフェクトブック
前作『パラコードクラフトパーフェクトブック』(小社刊)。

パラコード
パラシュートコードの略称。ナイロン製の軽量なひもで、芯となる数本の撚り糸を編み地でおおったつくりになっている(詳細は P.6 参照)。

反時計まわりのループ
2本のコードの交点で右が上になって重なっているループ。あるいは結びひもを反時計まわりに動かし、ひも端側を下にして重ねたループ。

引きしめる
ひもを引いて結び目を詰めること。きちんと結び目を引きしめることがきれいで安定した結び目をつくるコツ。

ひっくり返す／反転させる
結び目、または結んでいる途中の作品を上下や左右にひっくり返すこと。

二つ折り
1本のコードをU字型に折り曲げること。

フュージョン結び
さまざまな結び方(ロープワークやアジアンノット、マクラメなど)の要素やテクニックを融合することで生まれた革新的な結び方。

【ま行】

結びひも
平結びの結びひも(P.12「結びの部分名称」図参照)のように、飾り結びの結び目づくりに使用するひものこと。結びの複雑さにより、必要な長さは大きく変動する。

【や行】

焼き止め
パラコードの端を固定したり、ほつれ防止のために軽く焼くこと。パラコードのひも端始末に欠かせない処理(詳しい方法は左ページ参照)。

用尺
必要なコードの長さのこと。

【ら行】

ループ
コードでつくった輪のこと。単に「輪」と呼ぶこともある。

【アルファベット】

ABOK
『The Ashley Book of Knot』の略称。この本はクリフォード・W・アシュリーという人が1944年に刊行した600ページを超える本で、伝統的なものからオリジナルまで3900種以上の結びのテクニックが収録されている。アメリカでは飾り結びのバイブル的存在となっている。

DFK
『Decorative Fusion Knots』の略称。私が2011年にはじめて出版した「フュージョン結び」の解説書。

IGKT
「the International Guild of Knot Tyers」の略称。1982年に設立された結びのクラフトを研究する人たちの国際組織で、本部はイギリスに置かれている。

TIAT
私が運営するYouTubeのビデオチャンネル『Tying It All Together』の略称。

部分や動作の呼び方

作業している途中の状態にも、部分的な名称や動作の名称がある。プロセス解説を見ていくときの参考になるので、こちらもチェックしておこう。

コードの部分名称

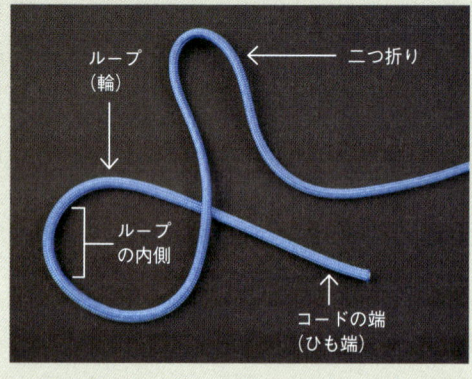

ループの種類

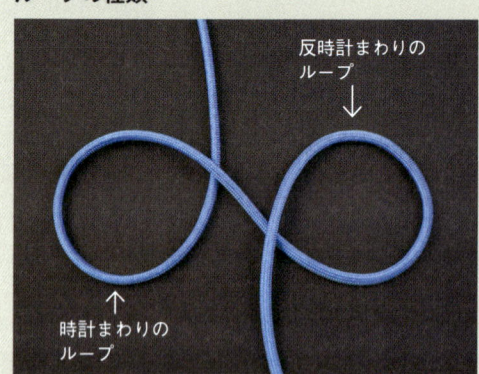

※時計まわり、反時計まわりという表現は、コードの動かし方ではなく、交点でのコードの重なり方をあらわしている。交点で左からきたコードが上なら「時計まわり」、右からきたコードが上なら「反時計まわり」となる。

結びの部分名称

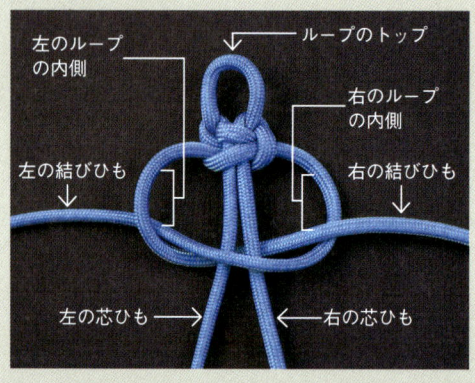

結びの動作

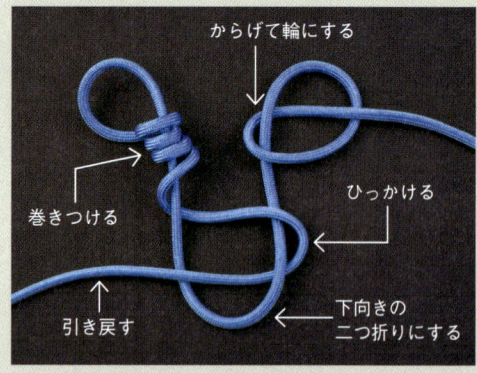

Chapter 01

Innovative Zipper Sinnets

革新的なくさり結び

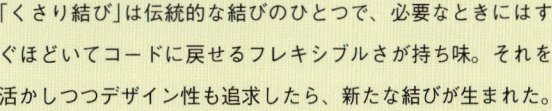

「くさり結び」は伝統的な結びのひとつで、必要なときにはすぐほどいてコードに戻せるフレキシブルさが持ち味。それを活かしつつデザイン性も追求したら、新たな結びが生まれた。

02 How to knot ≫ page 25
How to make ≫ page 148

歯舌結びのブレスレット

斜行するストライプがクールなデザイン。
好みの配色でバリエーションを楽しもう。

01 How to knot ≫ page 19
How to make ≫ page 148

厚地くさり結びのブレスレット

しっかり、厚地に仕上がる2色のデザイン。
留め具をサイドリリースバックルにすればより丈夫に。

03 How to knot ≫ page 22
How to make ≫ page 149

ジェノバ風くさり結びのハットバンド

ほどきやすい結びは、こんなアイテムに使えば
おしゃれに長いロープを常備することができる。

Zipper Sinnet
くさり結び

くさり結び（ジッパーシネット）は私が最初に学んだ結びのひとつで、コードに戻したくなったときには、まさにジッパーのようにするするほどくことができるのが名前の由来。バリエーションも含めて、すべてのくさり結びは必要なときにはすぐコードに戻して使うことができる、実用性を兼ね備えた結びだ。

用尺（長さ約 19 ㎝のブレスレット）⇒ 210cm を 1 本
テクニック ⇒ くさり結び
Tips ⇒ くさり結びはロープワークでいう「スリップノット（引き解け結び）」を用いた伝統的な結びの一種。

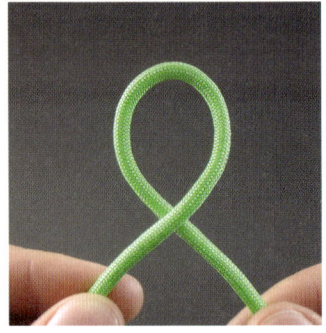

01 コードの中央で右を上にしたループをつくる。

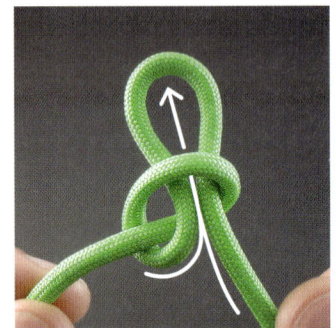

02 右側のコードを二つ折りにしてループに手前から通し……

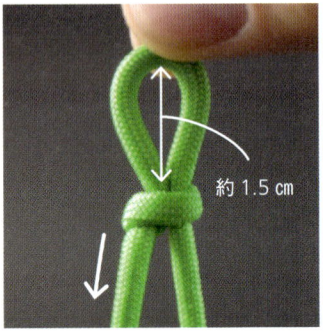

03 二つ折りの高さが約 1.5 ㎝になるように結び目を引きしめる。

04 上下を逆にして持ち替える。

05 右側のコードで時計まわりのループをつくる。

06 左側のコードを二つ折りにしてループに通し……

07 二つ折りの高さが約 1.5 ㎝になるように結び目を引きしめる。

08 右側のコードを二つ折りにしていまできたループに通し……

09 二つ折りの高さが約 1.5 ㎝になるように結び目を引きしめる。

Chapter 01　Innovative Zipper Sinnets　Zipper Sinnet

10 コードの両端がそれぞれ残り13cmくらいになるまで、06から09をくり返す。

11 とめる位置まできたら、まず左側のコードの端を持つ。

12 持ったコードの端をループに通す。

13 右側のコードを引いて、しっかり引きしめる。

14 上下を逆にして持ち替える。

15 ［2本組みダイアモンドノットの結び方］左側のコードで「P」の形をつくる。

16 右側のコードの端を持ち上げ、「P」のループの向こう側に配置する。

17 コードの端を矢印のように動かし、先端を「P」のループの下に出す。

18 コードの端を二つ折りにし、右上方向にコードの手前、向こう側、手前と順に通して引き出す。

19 コードの端を完全に引き出して二つ折りをまっすぐに伸ばすと「あやつなぎ(小綱つなぎ)」ができる。

20 次に右側のコードの端をあやつなぎの左上のコードの手前から左へ送り……

21 あやつなぎの中心に向こう側から通し、手前に出す。

22 さらに左側のコードの端を持ち上げ、あやつなぎの右上のコードの手前を通して……

23 あやつなぎの中心に向こう側から通し、手前に出す。

24 形を整えながらコードの端を引き、結び目をしっかり引きしめる。

25 ダイアモンドノットの端で慎重にコードの端をカットし、焼き止めする。

26 くさり結びのブレスレットのできあがり。

Thick Zipper Sinnet
厚地くさり結び

厚地くさり結びは、スタンダードなくさり結びを2本どりで結んだもの。2本どりにしたことで、(濡れたときでも)伸縮性があるという特徴と、ユニークな表情が生まれた。ブレスレットにぴったりなデザインだ。

用尺(約19cmのブレスレット)→210cmを2本
テクニック→2本どりのくさり結び
Tips→2本のコードは同じ太さ、長さで、コントラストのはっきり出る色の組み合わせを選ぼう。

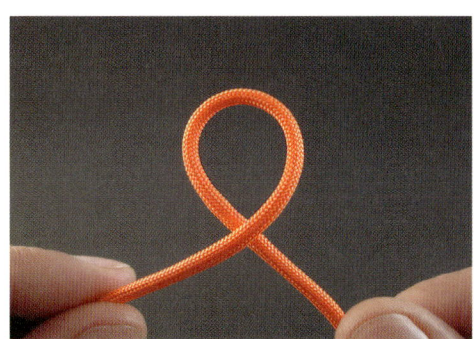

01 1本めのコードの中央で右を上にしたループをつくる。

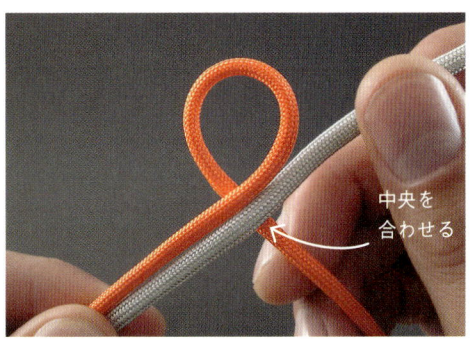

02 2本めのコード(白)の中央を01のループの交点に合わせ、写真のように沿わせて持つ。

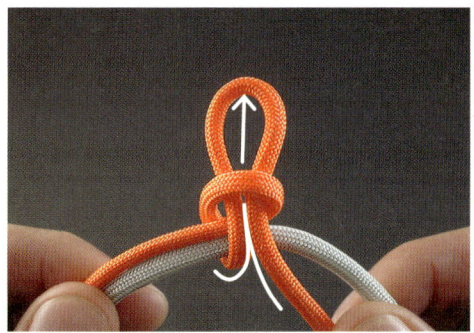

03 右下のオレンジコードを二つ折りし、白コードの手前からループに通す。

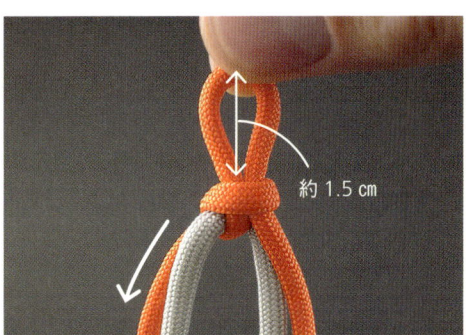

04 二つ折りの高さが約1.5cmになるように結び目を引きしめる。

05 上下を逆にして持ち替える。

06 右側の2本のコードをそろえて持ち、時計まわりのループをつくる。

07 左側の2本のコードを二つ折りしてループに通し……

08 二つ折りの高さが約1.5cmになるように結び目を引きしめる。

09 右側の2本のコードを二つ折りしてループに通し……

10 二つ折りの高さが約1.5cmになるように結び目を引きしめる。

11 一番短いコードの残りが約13cmになるまで07〜10をくり返す。

12 とめる位置まできたら、左上のコード(オレンジ)1本の端を持つ。

13 持ったコードをループに通す。

14 ループの根元の2本のコードの間にすき間をつくり……

Chapter 01　Innovative Zipper Sinnets　Thick Zipper Sinnet

15 すき間にあらわれる4本のコードのうち、向こう側の2本(オレンジ、白各1本)を引き出す。

16 左下のコード(白)1本の端を持ち……

17 15で引き出したコードの下に手前から通す。

18 右側のコード2本をしっかり引きしめる。

19 引きしめた右側のコード2本を慎重にギリギリでカットし、焼き止めする。

20 残った2本のコードで2本組みダイアモンドノット(→P.17)を結ぶ。

21 残った2本のコードの端もギリギリでカットし、焼き止めする。

22 厚地くさり結びのブレスレットのできあがり。

Genoese Zipper Sinnet
ジェノバ風くさり結び

この結びは、私がDFKで発表した「ジェノバ風結び」を見ていてひらめいたもの。ジェノバ風結びはハーフヒッチ（片結び）の結び目が何層にも折り重なっているのだが、そのハーフヒッチをくさり結びに置き換えてみたらどうなるか——まるで複雑に入り組んだ編み込みのようなステッチが誕生した。

用尺（約19cmのブレスレット）→ 180cmを2本
テクニック → くさり結び
Tips → 左右に2本ずつのコードを置き、1本ずつを使いながらくさり結びを結んでいくというしくみだ。

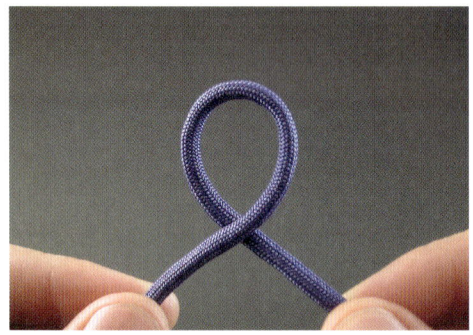

01 1本めのコード（紺）の中央で時計まわりのループをつくる。

02 2本めのコード（白）の中央を01のループの交点に合わせ、写真のように沿わせて持つ。

03 右側の紺コードを二つ折りし、手前からループに通す。

04 二つ折りのループの高さが約1.5cmになるように結び目を引きしめる。

05 上下を逆にして持ち替える。

06 紺コードを左、白コードを右に、同色のコード2本ずつに分けて持つ。

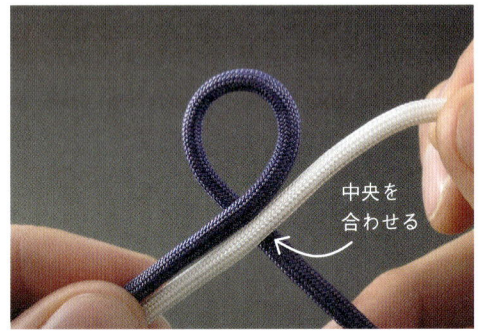

Chapter 01 | Innovative Zipper Sinnets | Genoese Zipper Sinnet | 23

07 上側の白コード1本で時計まわりのループをつくる。

08 左端にある紺コードを二つ折りして向こう側からループに通し……

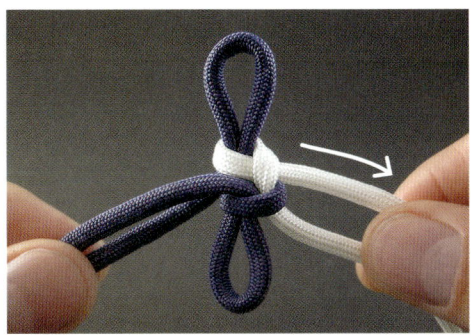

09 二つ折りのループの高さが約1.5cmになるように結び目を引きしめる。

10 下側の白コードを二つ折りして手前からループに通し……

11 二つ折りのループの高さが約1.5cmになるように結び目を引きしめる。

12 下側の紺コード1本を二つ折りして手前からループに通し……

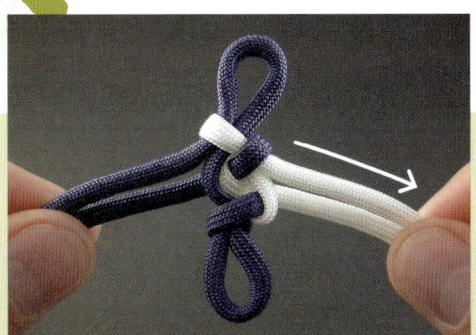

13 二つ折りのループの高さが約1.5cmになるように結び目を引きしめる。

14 一番短いコードの残りが約13cmになるまで10～13をくり返す。これで本体は完成。

15 本体を結び終えたら、右側にある白コード2本のうち、下にあるほうの端を持つ。

16 もう1本の白コードの手前からループに通す。

17 左側にある紺コード2本のうち、上にあるほうを引いて結び目をしっかり引きしめる。

18 白コード、紺コードのそれぞれ下にあるほうの端をギリギリでカットして焼き止めする(裏面で行う)。

19 この残った2本のコードで……

20 2本組みダイアモンドノット(→P.17)を結ぶ。

21 コードの端を慎重にギリギリでカットし焼き止めする。

22 ジェノバ風くさり結びのブレスレットが完成。

The Radula
歯舌結び

この結びは、軟体動物が捕食に使う細かくてギザギザした歯舌（やすり状の舌）の様子を模したもの。テクニック的にはジェノバ風くさり結びで2色のコードが交差していた箇所を、同色の交差にしたバージョンだ。ちょっとした違いだけれど効果は大きく、見ての通りコントラストがくっきり出たクリアなデザインになった。

用尺（約19cmのブレスレット） ▶ 180cmを2本
テクニック ▶ くさり結び
Tips ▶ ジェノバ風くさり結びとの違いは最初の配置だけ。それだけでまったく違うデザインになるのだ。

01 1本めのコード（黄）の中央で時計まわりのループをつくる。

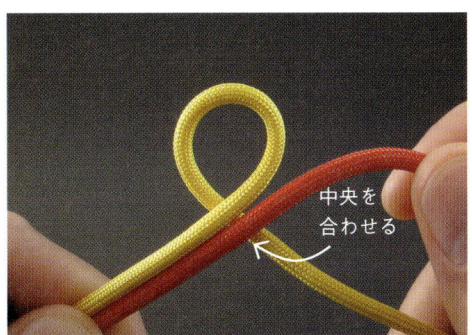

02 2本めのコード（オレンジ）の中央を01のループの交点に合わせ、図のように沿わせて持つ。

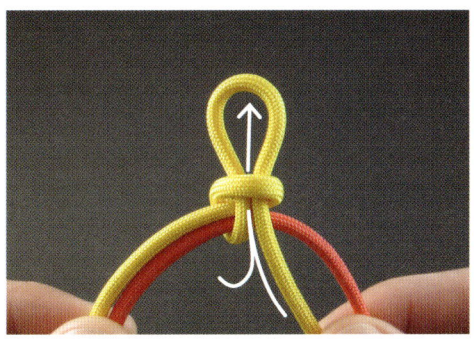

03 右側の黄コードを二つ折りし、手前からループに通す。

04 二つ折りのループの高さが約1.5cmになるように結び目を引きしめる。

05 上下を逆にして持ち替える。

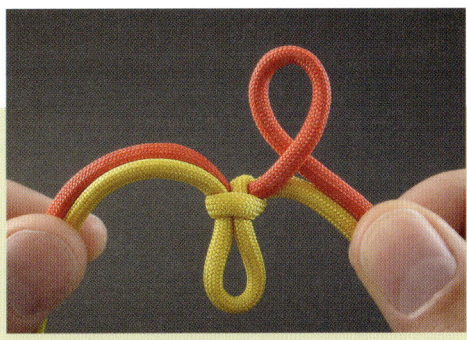

06 オレンジコードで時計まわりのループをつくる。

07 左側のオレンジコードを二つ折りして向こう側からループに通し……

08 二つ折りのループの高さが約1.5㎝になるように結び目を引きしめる。

09 右下の黄コードを二つ折りして手前からループに通し……

10 二つ折りのループの高さが約1.5㎝になるように結び目を引きしめる。

11 左下の黄コードを二つ折りして手前からループに通し……

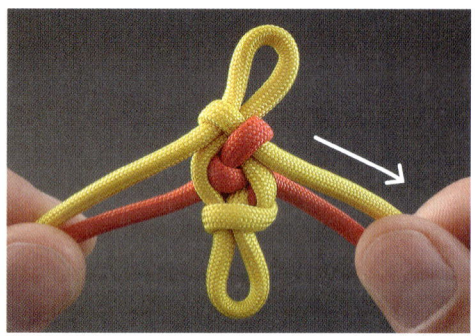

12 二つ折りのループの高さが約1.5㎝になるように結び目を引きしめる。

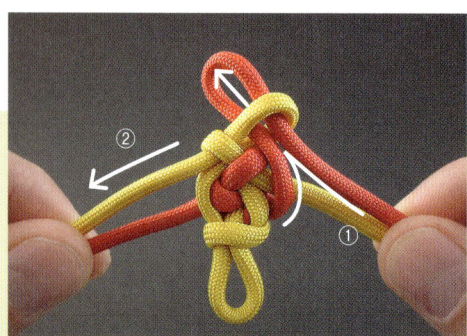

13 右下のオレンジコードを二つ折りして手前からループに通し(①)、ループの高さが約1.5㎝になるように結び目を引きしめる(②)。

14 左下のオレンジコードを二つ折りして手前からループに通し(①)、ループの高さが約1.5㎝になるように結び目をひきしめる。(②)

Chapter 01　　Innovative Zipper Sinnets　　The Radula　　27

15　一番短いコードの残りが約13cmになるまで09〜14をくり返す。本体はこれで完成。

16　本体を結び終えたら、右側にある黄コードの端を持つ。

17　右のオレンジコードの手前からループに通す。

18　左側にあるコード2本のうち、上にあるほう（オレンジコード）を引いて結び目をしっかり引きしめる。

19　黄コード、オレンジコードのそれぞれ下にあるほうの1本の端をギリギリでカットして焼き止めする（裏面で行う）。

20　残った2本のコードで2本組みダイアモンドノット（→P.17）を結ぶ。

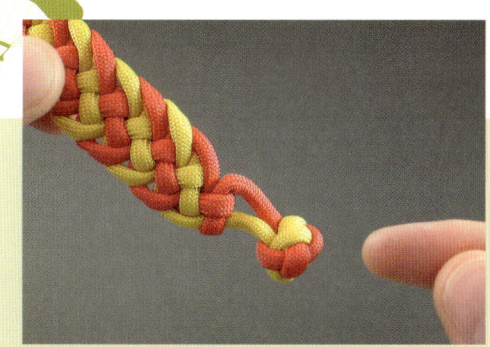

21　コードの端をギリギリでカットし焼き止めする。

22　歯舌結びのブレスレットが完成。

Mystic Zipper Sinnet
芯入りくさり結び

この結びの特徴は、スタンダードなくさり結びの一部分にだけ、ちらりと隠れていたほかの色があらわれるという不思議なデザイン。2色めのコードがどこからともなくあらわれる不思議さに、完成品を見た人は困惑することうけあいだ。

用尺（約19cmのブレスレット） → 180cm〈水色〉と120cm〈ピンク〉を各1本
テクニック → くさり結び
Tips → 使わない色は芯にして隠しながら結ぶのがミソ。

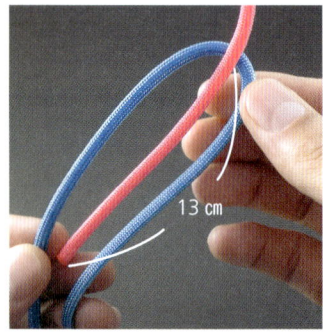

01 長いコード（水色）は中央で二つ折りにし、写真のように短いコード（ピンク）を重ねる。

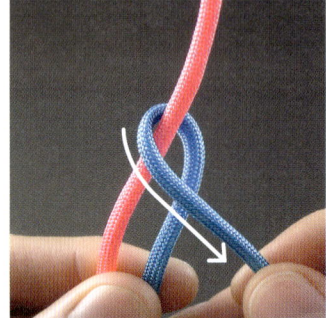

02 左側の水色コードを手前に出し、水色コードの反時計まわりのループをつくる。

03 右側にきた水色コードを二つ折りして向こう側からループに通し……

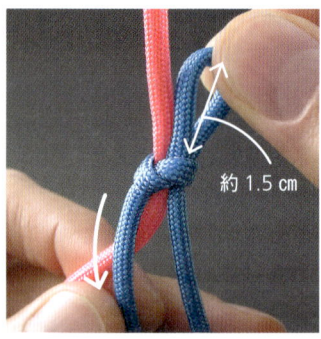

04 ループの高さが約1.5cmになるように結び目を引きしめる。

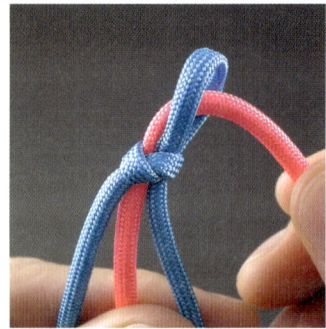

05 結び目の上にあるピンクコードをループに通す。

06 左側の水色コードを二つ折りし、これも（ピンクコードの上から）ループに通し……

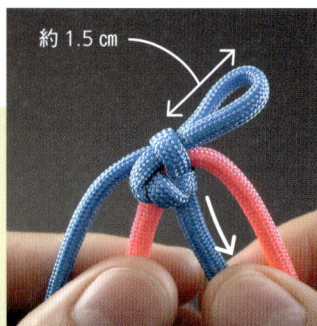

07 ループの高さが約1.5cmになるように結び目を引きしめる。

08 上側のピンクコードをループに通す。

09 右側の水色コードを二つ折りし、これも（ピンクコードの上から）ループに通し……

Chapter 01　Innovative Zipper Sinnets　Mystic Zipper Sinnet　**29**

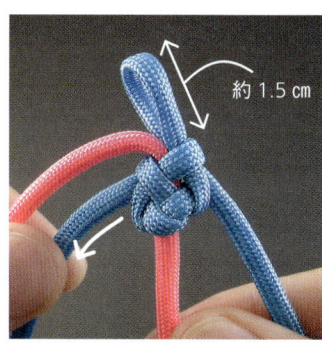

10　ループの高さが約1.5cmになるように結び目を引きしめる。

11　05〜10をさらに3回くり返す。ここまでが単色部分の結び方。

12　左側にある水色コードを写真のようにループに通す。

13　ピンクコードを二つ折りし、これも（水色コードの上から）ループに通し……

14　ループの高さが約1.5cmになるように結び目を引きしめる。

15　右上の水色コードを写真のようにループに通す。

16　右側に残った水色コードを二つ折りし、これも（水色コードの上から）ループに通し……

17　ループの高さが約1.5cmになるように結び目を引きしめる。

18　12〜17をさらに3回くり返す。ここまでが2色部分の結び方。

19 続けて05〜10、12〜17、05〜10とくり返す(最短のコードが残り13cmになる)。

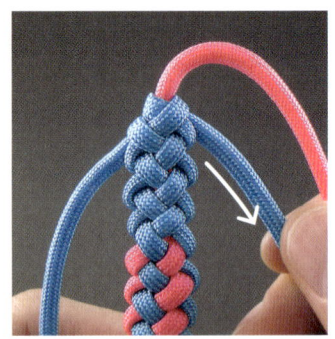

20 ピンクコードをループに通し、右側の水色コードをしっかり引きしめる。

21 水色コード2本の端を慎重にギリギリでカットし、焼き止めする(裏面で行う)。

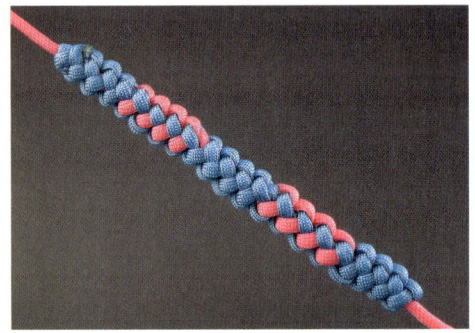

22 ここまできたら、芯入りくさり結びはできあがり。

23 長さ調整可能なブレスレットにするため、まず全体を輪にして両端のピンクコード2本を写真のように平行に持つ。

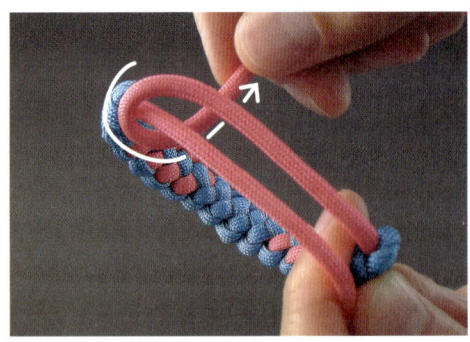

24 右のコードを左のコードに矢印のように巻きつける。

25 巻きつけたコードの端をループに通して片結びし、結び目をしっかり引きしめる。

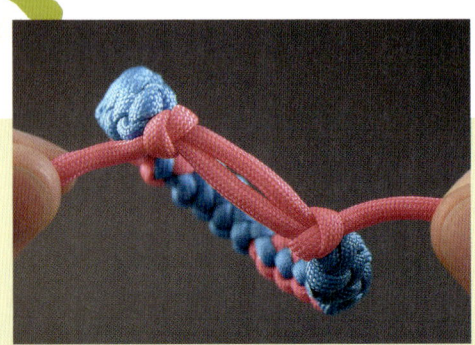

26 上下をひっくり返して持ち、反対側も24〜25をくり返す。

27 これで完成。片結びの糸端は結び目から0.5cmくらいのところでカットし、ほつれてこないよう焼き止めしておく。

Chapter 02

Twisted, Bumpy, & Flowing Bars

ねじれ・凹凸・流れのある結び

この章の作品はすべて結びの基本技法である「平結び」がベースだ。ところが完成品はデザインはもとより形状もさまざま。なぜこんなことになるのか、ぜひ実際に体験してみてほしい。

04

How to knot ≫ **page 46**
How to make ≫ **page 150**

シュール平結びの首輪＆リード

しなやかで丈夫なパラコードはペット用アイテムにもぴったりだ。幅がワイドで丈夫な結びを選べば、なおのこと。

05 How to knot ≫ page 34
How to make ≫ page 151
カーブステッチング平結びのキーホルダー

体に沿うフラットなかたちを活かして、
ベルト通しなどにつけて使うキーホルダーに。

06 How to knot ≫ page.37
How to make ≫ page.152
シークレットリバー結びのブレスレット

結びの名前に合わせて、森をぬってひとすじの
川が流れる様子をイメージした配色に。

Twist-Stitched Solomon Bar
カーブステッチング平結び

この結びは『パーフェクトブック』で紹介した「ステッチング平結び」のカーブバージョン。ほかのねじれる結びがらせん状にねじれていくのに対して、アーチを描くように曲がっていくのが特徴で、ブレスレットだけでなくえり飾りにもできそうなデザインになった。

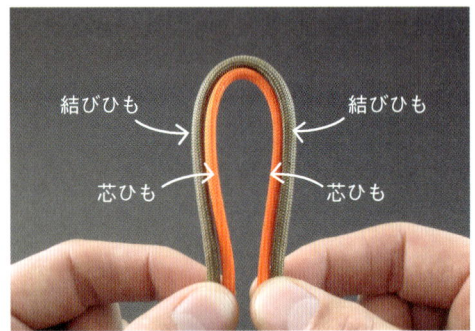

01 結びひも（ベージュ）と芯ひも（オレンジ）をの中央を合わせて持ち、2本一緒に二つ折りにする。

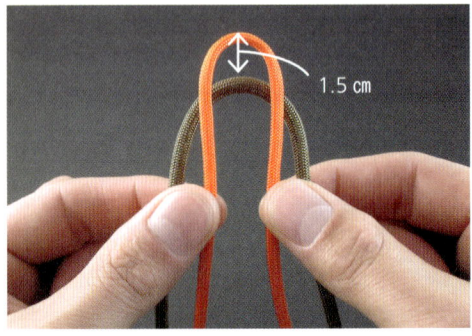

02 芯ひもを手前にして、結びひもを約1.5cm下げる。

03 右の結びひもを芯ひもの手前から左へ移す。

04 左の結びひもを手前に出し、下へ垂らす。

05 垂らした結びひもの端を持ち上げ、芯ひもの後ろで結びひものループに通してしっかり引きしめる。

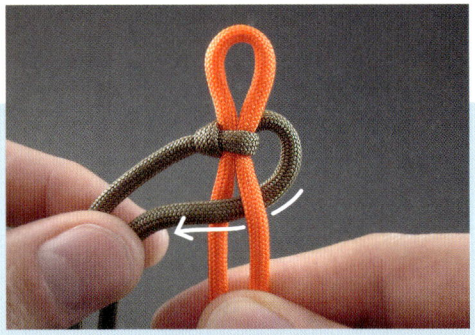

06 右にきた結びひもを2本の芯ひもの間から手前に出し、左へ移す。

Chapter 02　Twisted, Bumpy, & Flowing Bars　Twist-Stitched Solomon Bar　35

用尺（長さ約 19 cmのブレスレット）→ 210 cm〈ベージュ〉、120 cm〈オレンジ〉を各 1 本
テクニック → ステッチング平結び
Tips → ふつうは左右交互に結ぶ平結びを、左、右、右、と右の回数を多くするのがアーチ型をつくる秘訣。

07 左の結びひもを手前に出し、下へ垂らす。

08 垂らした結びひもの端を持ち上げ、芯ひもの向こう側から結びひものループに通してしっかり引きしめる。

09 右にきた結びひもを 2 本の芯ひもの間から向こう側へ出し、左へ移す。

10 移した結びひもの向こう側で左の結びひもを下へ垂らす。

11 垂らした結びひもの端を持ち上げ、芯ひもの手前から結びひものループに通してしっかりひきしめる。

12 一番短いコードの残りが約 13 cmになるまで 06〜11 をくり返す。

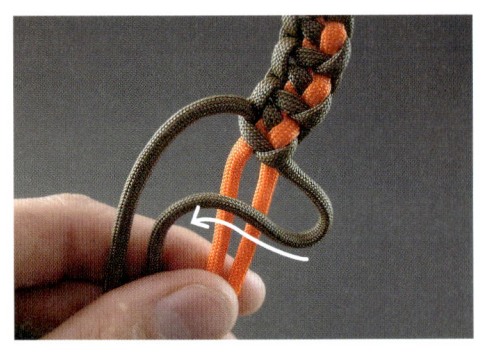

36

13 次に、右の結びひもを芯ひもの手前から左へ移す。

14 左の結びひもを手前に出し、下へ垂らす。

15 垂らした結びひもの端を持ち上げ、芯ひもの向こう側から結びひものループに通してしっかり引きしめる。

16 結びひも2本の端を慎重にカットし、焼き止めする。

17 残った芯ひも2本で2本組みダイアモンドノット（→P.17）を結ぶ。

18 芯ひも2本の端も慎重にカットし、焼き止めする。

19 全体はこんなふうにアーチを描いた仕上がりになる。

20 カーブステッチング平結びのブレスレットのできあがり。

Chapter 02　Twisted, Bumpy, & Flowing Bars　Secret River Bar　37

Secret River Bar
シークレットリバー結び

この結びは円形モチーフができる「デザートフラワーメダル」(→P.80)という結びに少しアレンジを加え、平結びと融合させることで生まれた。まったく特徴の異なる2種類の結びが融合すると、曲がりくねった川のようなラインが中央に走る、立体的な結びになった。

用尺（約19cmのブレスレット）→180cm〈白〉、150cm〈赤〉を各1本
テクニック→平結び
Tips→模様ができるのは結んでいるときの裏側になる。

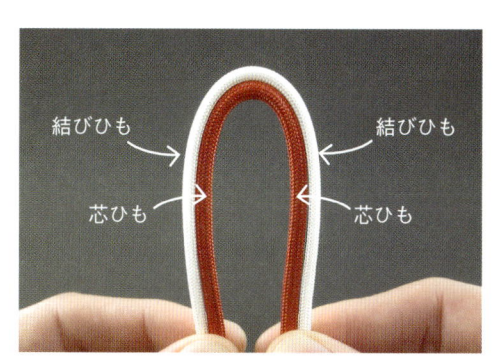

01 結びひも（白）と芯ひも（赤）の中央をそろえて持ち、中央から二つ折りにする。

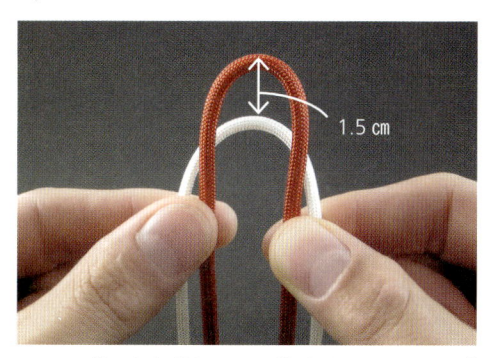

02 芯ひもを手前にして、結びひもを約1.5cm下げる。

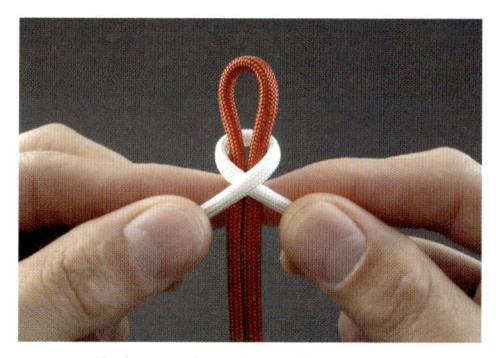

03 結びひもを手前に出し、芯ひもの手前で右を上にして交差させる。

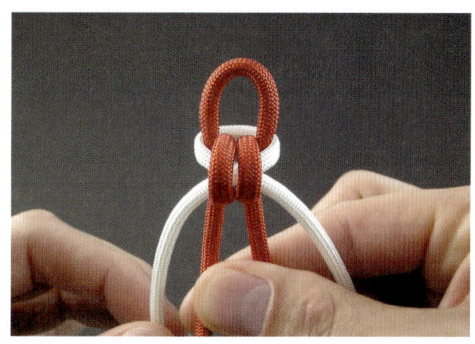

04 芯ひも2本の端を持ち上げ、既存の赤コード2本の間に入れて下へ下ろし、交差した結びひもに巻きつける。

05 上のループの高さが約1.5cmになるように、結びひも、芯ひもをしっかり引きしめる。

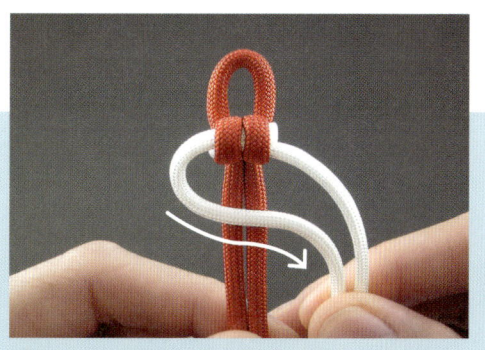

06 左の結びひもを芯ひもの手前から右へ移す。

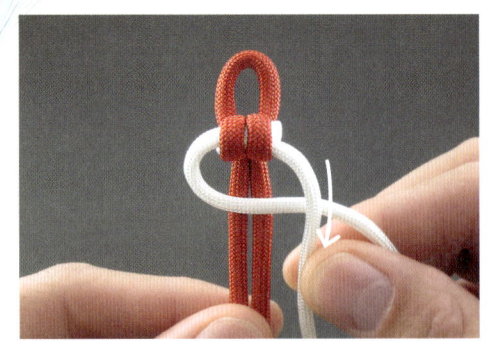

07 右の結びひもを手前に出し、下へ垂らす。

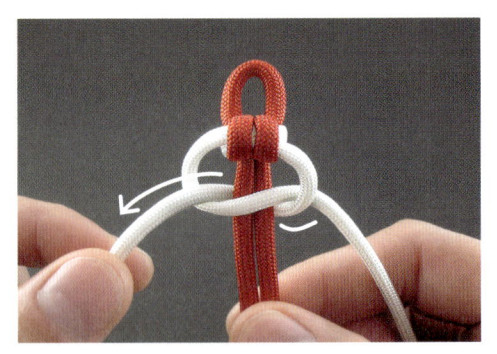

08 垂らした結びひもの端を持ち上げ、芯ひもの向こう側からループに通して左に出す。

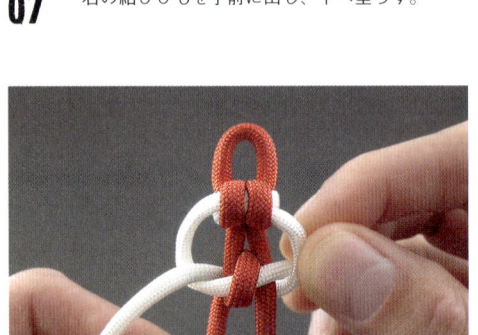

09 左の芯ひもの端を持ち上げ、既存の赤コード2本の間に入れて下へ下ろし、水平に交差する前後の結びひも2本に巻きつける。

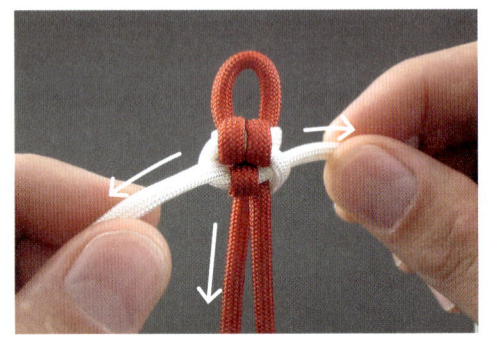

10 全体がしっかり引きしまるまで結びひも、芯ひもを引く。このとき巻いた赤コードを右側に寄せて引きしめる。

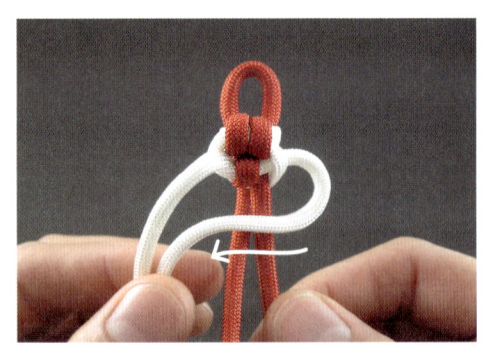

11 右の結びひもを芯ひもの手前から左へ移す。

12 左の結びひもを手前に出し、下へ垂らす。

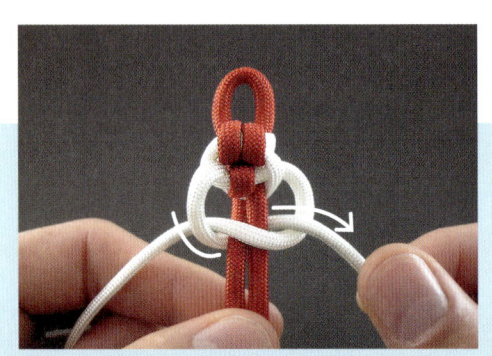

13 垂らした結びひもの端を持ち上げ、芯ひもの向こう側からループに通して右に出す。

14 右の芯ひもの端を持ち上げ、既存の赤コード2本の間に入れて下へ下ろし、水平に交差する前後の結びひも2本に巻きつける。

Chapter 02　　Twisted, Bumpy, & Flowing Bars　　Secret River Bar　　39

15 全体がしっかり引きしまるまで結びひも、芯ひもを引く。このとき巻いた赤コードを左側に寄せて引きしめる。

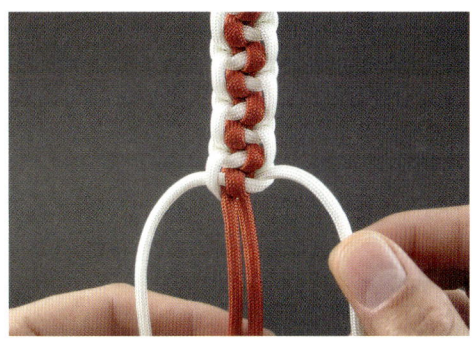

16 一番短いコードが残り約13cmになるまで06〜15をくり返す。

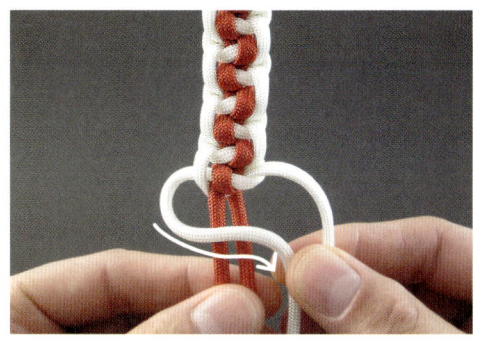

17 続けて、左の結びひもを芯ひもの手前から右へ移す。

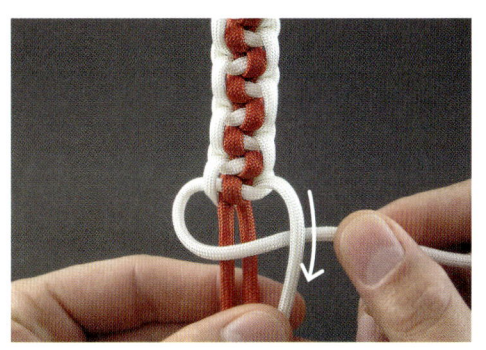

18 右の結びひもを手前に出し、下へ垂らす。

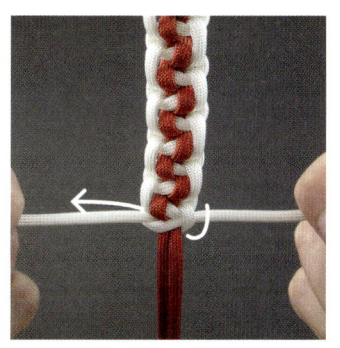

19 垂らした結びひもの端を持ち上げ、芯ひもの向こう側からループに通して引きしめる。

20 結びひもの端を慎重にギリギリでカットし、焼き止めする。

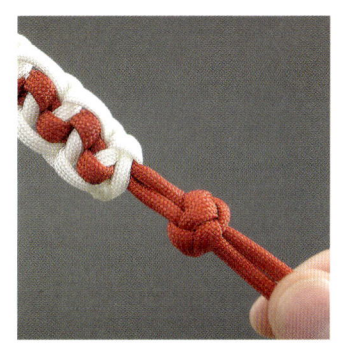

21 残った2本の芯ひもで2本組みダイアモンドノット（→P.17）を結ぶ。

22 芯ひもの端も慎重にカットし、焼き止めする。

23 全体を裏返すと、こちらの面にシークレットリバーパターンができている。

24 シークレットリバー結びのブレスレットのできあがり。

Crooked River Bar
クルックリバー結び

クルックリバー結びという名前は、巨岩がごろごろする岩場を川が激流となって流れているかのような見た目に由来する。そのダイナミックな外見にも増して丈夫な結びなので、これを使えば見た目も強度もすばらしいブレスレットができあがる。

用尺（約19cmのブレスレット） ➡ 150cmを2本
テクニック ➡ アレンジした平結び
Tips ➡ 1回（平結びの0.5回）おきに行うアレンジ平結びがこの結びの要だ。

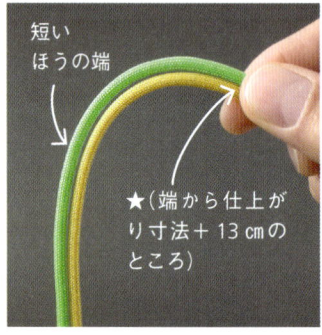

01 2本のコードを引きそろえて持ち、仕上がり寸法プラス約13cmのところを持つ。

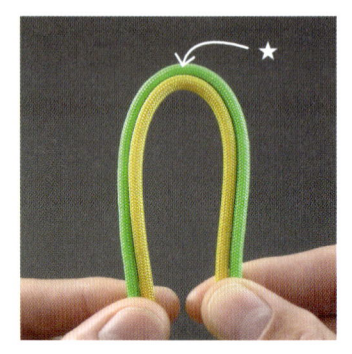

（★（端から仕上がり寸法＋13cmのところ）／短いほうの端）

02 2本をそろえて★から二つ折りにする。

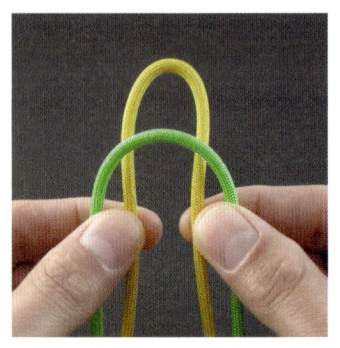

03 緑コード（川の模様にするほう）を黄コードの手前で少し下におろす。

04 右の黄コードを左の黄コード、緑コードの手前から左へ移す。

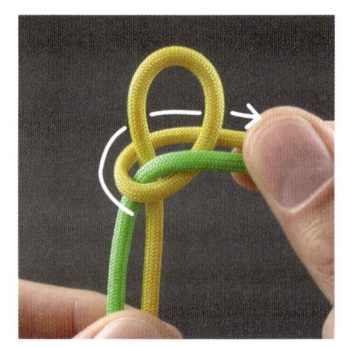

05 移した黄コードをそのままトップのループに巻きつけて……

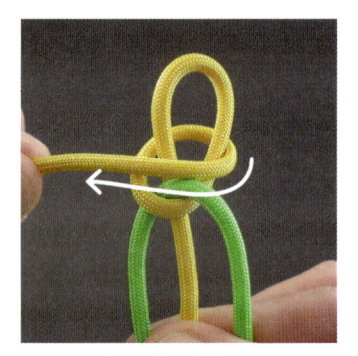

06 ぐるっと1周させ……

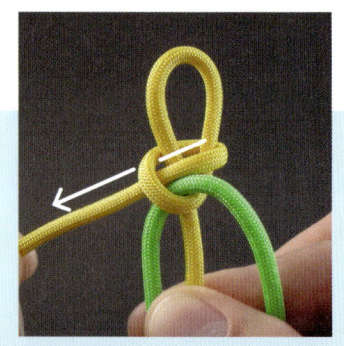

07 できたループにコードの端を通す。

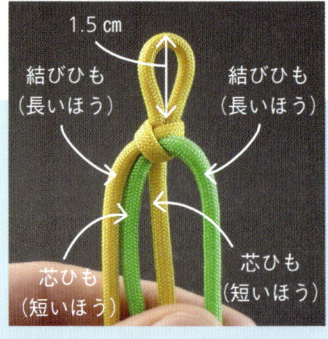

08 トップのループが高さ約1.5cmになるように黄コードを引いて結び目を引きしめる。

（1.5cm／結びひも（長いほう）／芯ひも（短いほう））

09 左の結びひも（黄）を二つ折りし、芯ひも2本の手前から右へ移す。

Chapter 02　　Twisted, Bumpy, & Flowing Bars　　Crooked River Bar　　41

10　右の結びひも（緑）を二つ折りの手前に出す。

11　手前に出した結びひも（緑）を向こう側へ出し、芯ひも2本の後ろを通して黄コードのループに通す。結びひも2本を引いて引きしめる。

12　左の結びひも（黄）を芯ひも2本の手前から右へ移す。

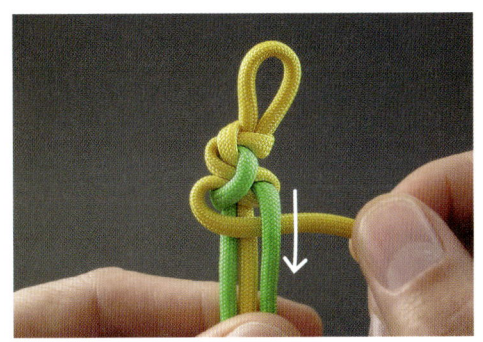

13　右の結びひも（緑）を手前に出して下へ垂らし、黄コード2本の間から向こう側へ出す。

14　さらに結びひも（緑）を芯ひも2本の後ろを通して黄コードのループに通す。結びひも2本を引いてしっかり引きしめる。

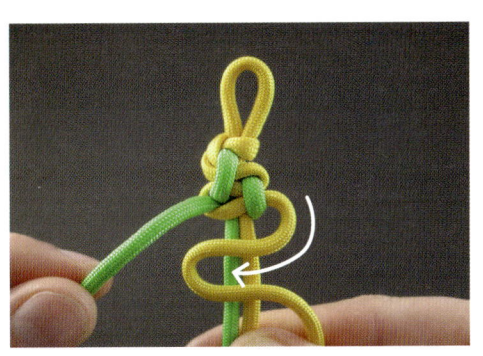

15　右の結びひも（黄）を二つ折りし、芯ひも2本の手前から左へ移す。

16　左の結びひも（緑）を二つ折りの手前に出す。

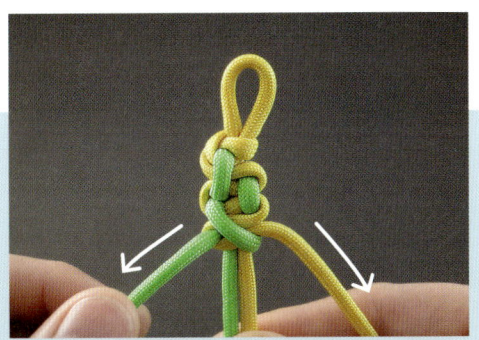

17　手前に出した結びひも（緑）を向こう側へ出し、芯ひも2本の後ろを通して黄コードのループに通す。結びひも2本を引いて引きしめる。

18 右の結びひも(黄)を芯ひも2本の手前から左へ移す。

19 左の結びひも(緑)を手前に出して下に垂らし、黄コードと緑コードの間から向こう側へ出す。

20 さらに結びひも(緑)を芯ひも2本の後ろを通して黄コードのループに通す。結びひも2本を引いてしっかり引きしめる。

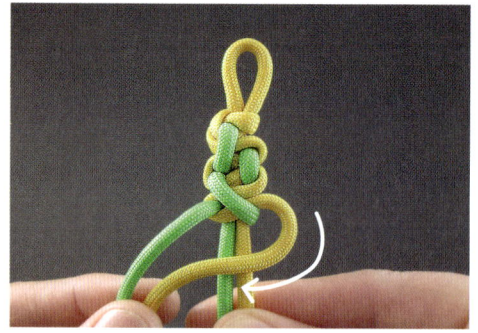

21 一番短いコードが残り約13cmになるまで10～20をくり返す。

22 結びひも2本の端を慎重にギリギリでカットし、焼き止めする。

23 残った芯ひも2本で2本組みダイアモンドノット(→P.17)を結ぶ。

24 芯ひも2本の端も慎重にカットし、焼き止めする。

25 クルックリバー結びのブレスレットのできあがり。

Cobbled Solomon Bar
巻きつけ平結び

この結びは、クラシックな平結びのユニークなアレンジバージョン。右の写真の配色の場合、水色だけ結びひもを芯ひもにひと巻きしてから平結びをすることで、普通の平結びとはまったく違う仕上がりになる。ちなみにデコボコ柄が出るのは結んでいるときの裏面だけなので、作業中は模様が見えなくてちょっとまごつくかも。

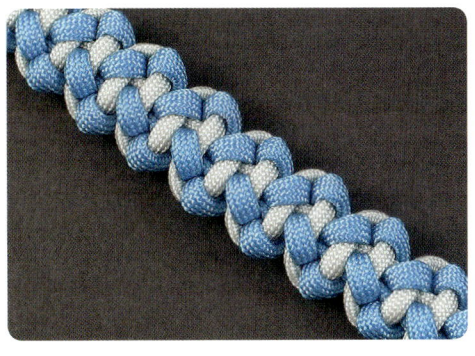

用尺（約 19 cmのブレスレット） ● 180 cm〈水色〉、150 cm〈白〉を 2 本
テクニック ● 平結び
Tips ● ひと巻きするほうの色を間違えないよう注意。

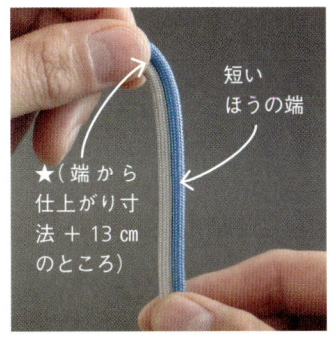

01 2 本のコードを引きそろえて持ち、仕上がり寸法プラス約 13 cmのところを持つ。

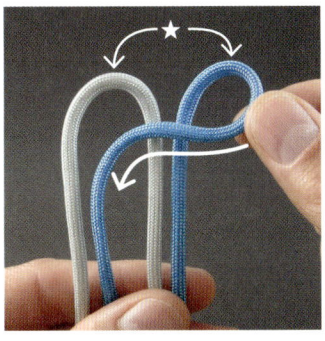

★（端から仕上がり寸法 + 13 cmのところ）
短いほうの端

02 右のコード（水色）の長いほうの端を手前から左へ移す。

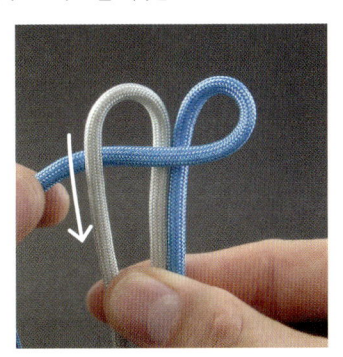

03 左のコード（白）の長いほうの端を手前に出し、下へ垂らす。

04 垂らしたコードを向こう側へ出し、短いコード 2 本の後ろから右のループに通す。

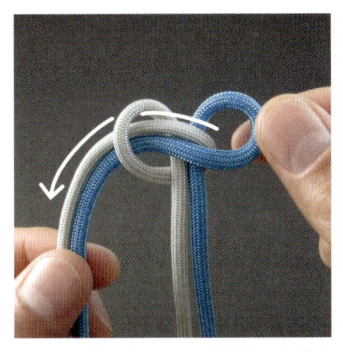

05 通した白コードを持ち上げて左のループに手前から通す。

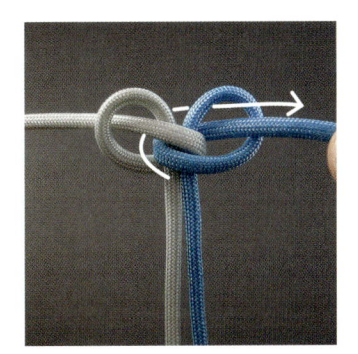

06 左の水色コードを短いコード 2 本の後ろから右のループに通す。

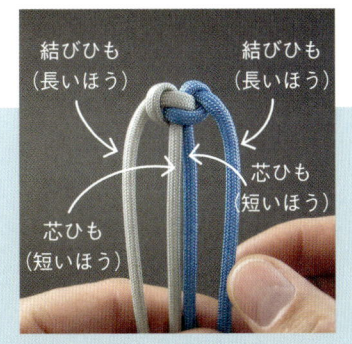

07 右端（水色）と左端（白）のコードを結び目がしっかりしまるまで引きしめる。

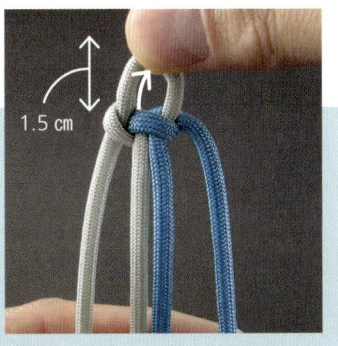

結びひも（長いほう）
結びひも（長いほう）
芯ひも（短いほう）
芯ひも（短いほう）

08 中央の白コードを少し引き出し、高さ約 1.5 cmのループをつくる。

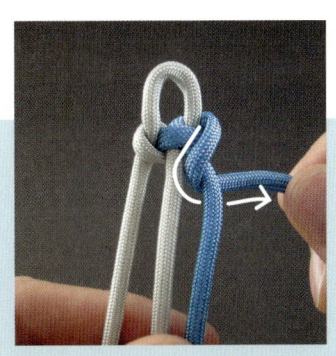

1.5 cm

09 右の結びひも（水色）を隣の芯ひも（水色）に手前からひと巻きする。

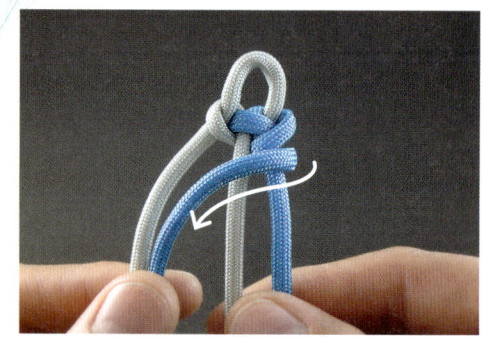

10 巻いた結びひもを手前から左へ移す。

11 左の結びひも（白）を手前に出す。

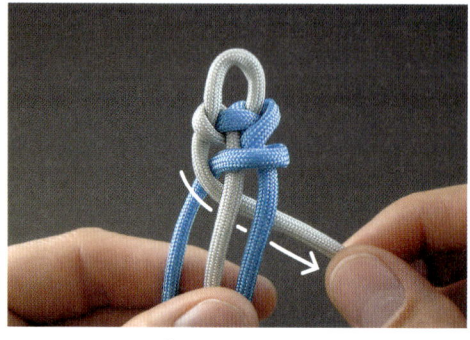

12 そのまま芯ひも2本の向こう側を通して右へ移す。

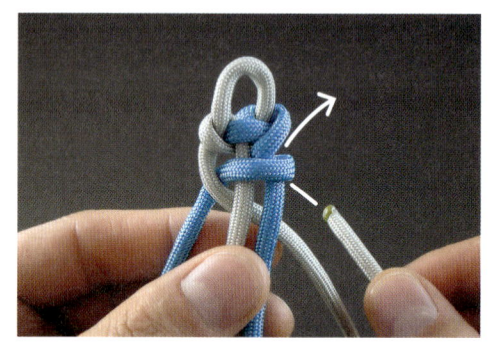

13 右へ移した結びひも（白）の端を持ち……

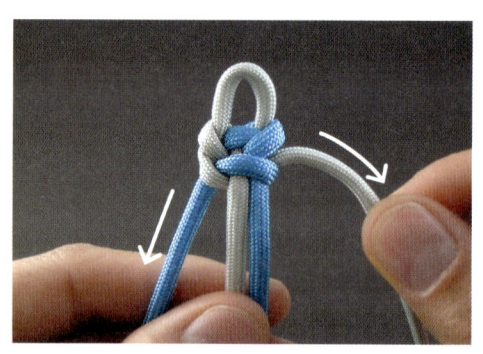

14 水色コードのループに下から上へと通し、結びひも2本をしっかり引く。

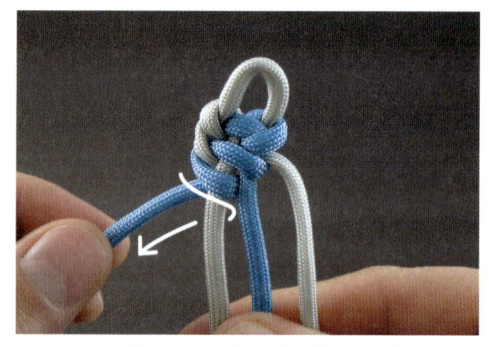

15 左の結びひも（水色）を隣の芯ひも（白）に手前からひと巻きする。

16 巻いた結びひもを手前から右側へ移す。

17 右の結びひも（白）を手前に出す。

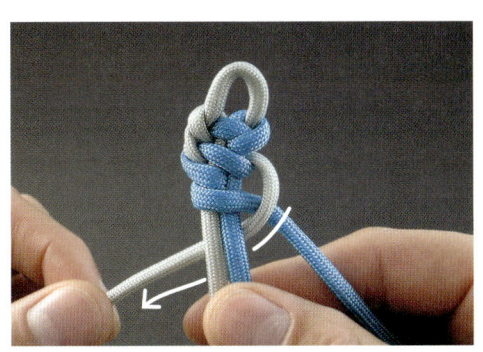

| Chapter 02 | Twisted, Bumpy, & Flowing Bars | Cobbled Solomon Bar | 45

18 そのまま芯ひも2本の向こう側を通して左へ移す。

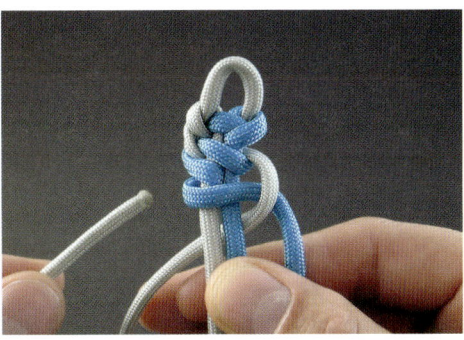

19 左へ移した結びひも(白)の端を持ち……

20 水色コードのループに下から上へと通し、結びひも2本をしっかり引く。

21 一番短いコードの残りが約13cmになるまで09〜20をくり返す。

22 全体を左右反転させて裏返し、両端のコード(結びひも2本)をギリギリでカットし、焼き止めする。

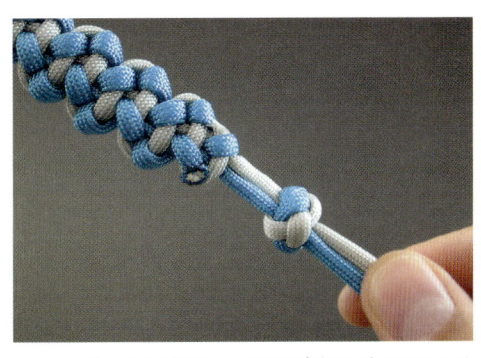

23 残った2本のコードで2本組みダイアモンドノット(→P.17)を結ぶ。

24 コードの端をギリギリでカットし焼き止めする。

25 巻きつけ平結びのブレスレットが完成。

Surreal Solomon Bar
シュール平結び

ボーダー模様ができる結びには、『パーフェクトブック』で紹介した「わだち結び」があるのだが、より簡単なのがこのシュール平結び。しかも両サイドがななめになるわだち結びに対して、この結びは全体が水平になる。幅があって丈夫、フラットな仕上がりなので、ブレスレットだけでなくバッグのストラップにもおすすめだ。

用尺（約19cmのブレスレット）→ 180cmを2本
テクニック → 平結び
Tips → 使わない色は芯にして隠しながら結ぶのがミソ。

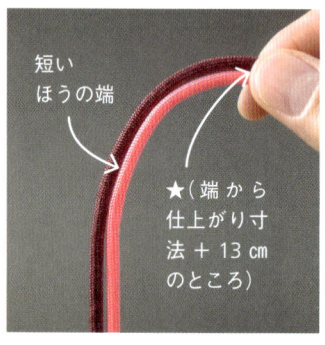

01 2本のコードを引きそろえて持ち、仕上がり寸法プラス約13cmのところを持つ。

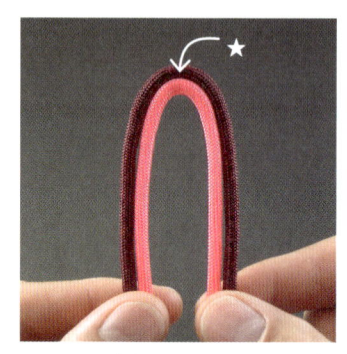

02 2本をそろえて★から二つ折りにする。

03 赤コードをピンクコードの手前で少し下におろす。

04 右のピンクコードを左のピンクコード、赤コードの手前から左へ移す。

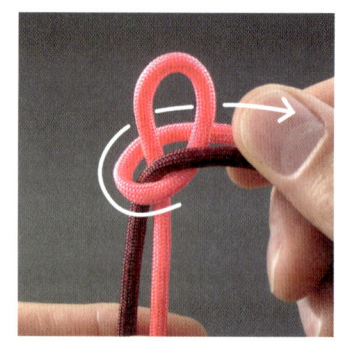

05 移したピンクコードをそのままトップのループに巻きつけて……

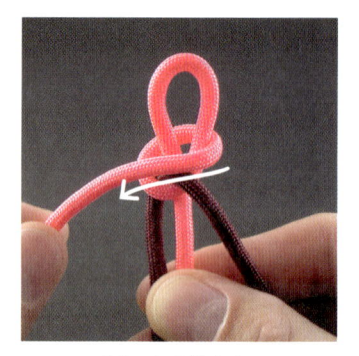

06 ぐるっと1周させ……

07 できたループにコードの端を通す。

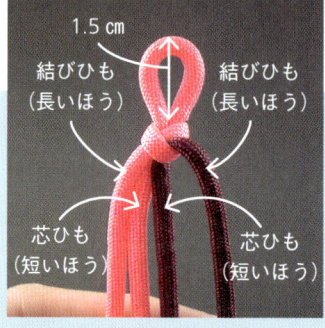

08 トップのループが高さ約1.5cmになるようピンクコードを引いて結び目を引きしめる。

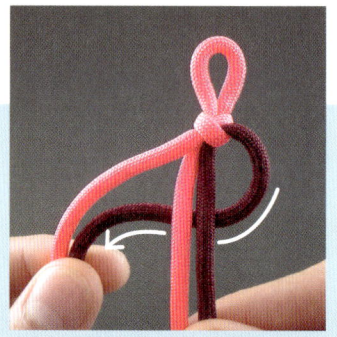

09 右の結びひも（赤）を芯ひも2本の向こう側から左へ移す。

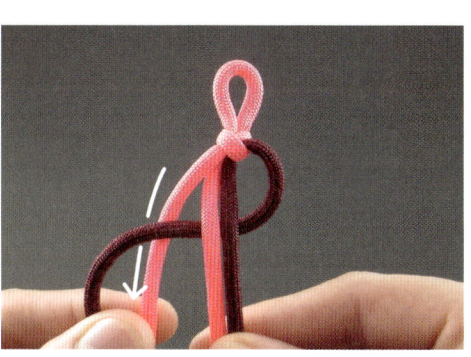

Chapter 02　　Twisted, Bumpy, & Flowing Bars　　Surreal Solomon Bar　　47

10 右の結びひも（ピンク）を移した結びひも（赤）の向こう側に置く。

11 赤の結びひもをピンクの結びひもにひと巻きし、芯ひも2本の手前を通して……

12 右の赤コードのループに通す。

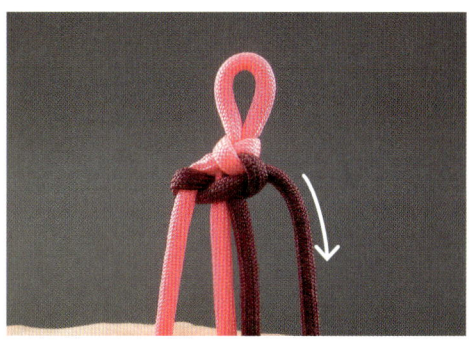

13 ループに通した赤の結びひもをしっかり引きしめる。

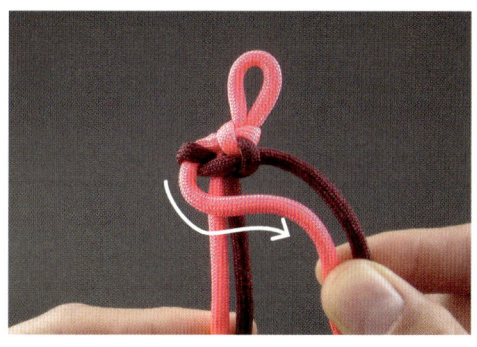

14 左の結びひも（ピンク）を芯ひも2本の手前から右へ移す。

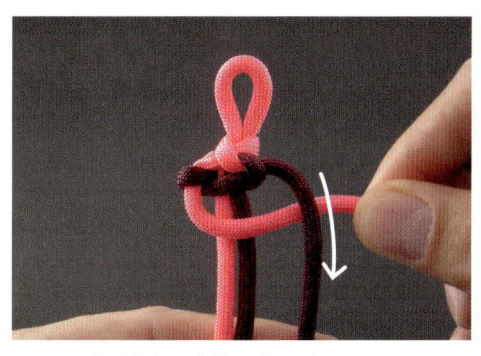

15 右の結びひも（赤）を手前に出す。

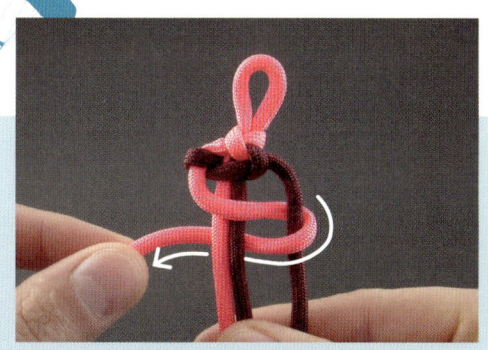

16 ピンクの結びひもを赤の結びひもにひと巻きし、芯ひも2本の向こう側を通して……

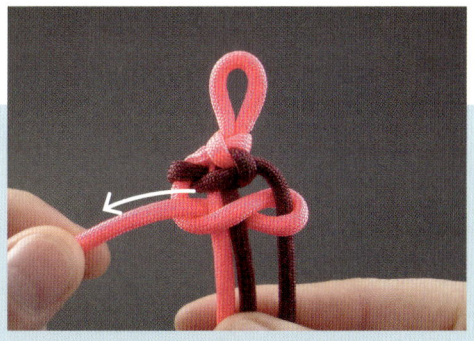

17 左のピンクコードのループに通す。

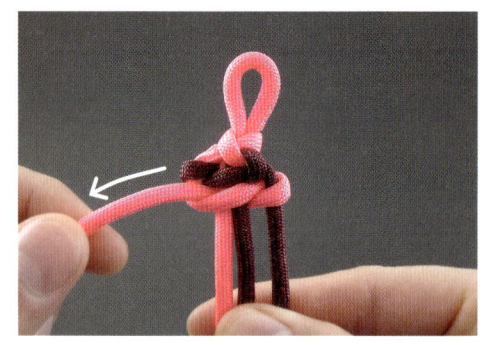

18 ループに通したピンクの結びひもをしっかり引きしめる。

19 一番短いコードの残りが約13cmになるまで、09～18をくり返す。

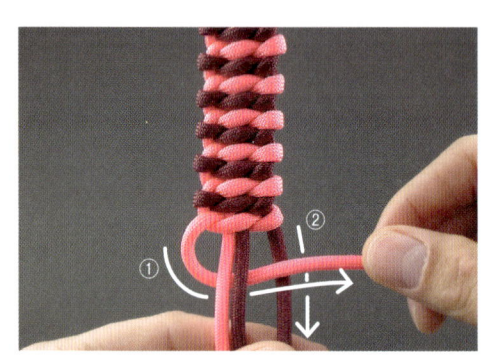

20 左の結びひも（ピンク）を芯ひも2本の向こう側から右へ移し（①）、その向こう側に右の結びひも（赤）を置く（②）。

21 赤の結びひもを芯ひも2本の手前から左へ移し、ピンクの結びひものループに手前から通す。結びひも2本を引いてしっかり引きしめる。

22 結びひも2本をギリギリでカットし、焼き止めする。

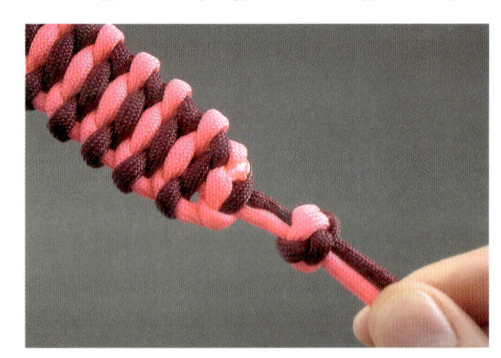

23 残った芯ひも2本で2本組みダイアモンドノット（→P.17）を結ぶ。

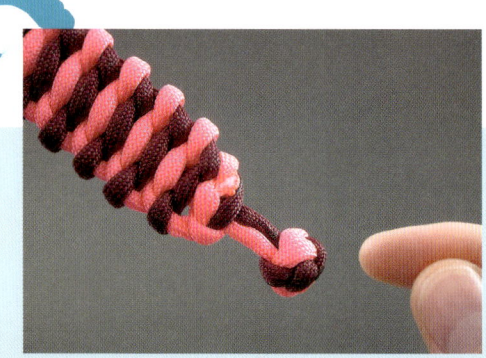

24 芯ひも2本もギリギリでカットし、焼き止めする。

25 シュール平結びのブレスレットのできあがり。

Chapter 03

Coronation of Crown Sinnets

四つだたみのバリエーション

「四つだたみ」はその形から Crown Sinnet（王冠結び）と呼ばれる伝統技法のひとつ。それをアレンジした王冠とは似ても似つかない（笑）斬新なデザインは、私の自慢のコレクションだ。

50

07 How to knot ≫ page 62
How to make ≫ page 152

レインボー四つだたみのキーホルダー

色数を増やすほどカラフルになり、太くなる
ユニークさがウリ。4色、5色にも挑戦しよう。

08 How to knot ≫ page 56
How to make ≫ page 153

コークスクリュー四つだたみの
キーホルダー（左）

デザインのポイントであるらせん模様が
にぎりやすさも生み出した自慢の結び。

09 How to knot ≫ page 51
How to make ≫ page 153

丸四つだたみのキーホルダー（右）

ベーシックな丸四つだたみはシンプルさが魅力。
長さを変えればいろいろな用途に使える。

Round Crown Sinnet

丸四つだたみ

この結びは、英語では「Round Crown Sinnet（丸い王冠結び）」という名前でおなじみだが、実際には王冠というより円柱のような形をしている。とはいえ名前と実際の形にギャップがあるからといって、この結びが使えないデザインかというと、そんなことはない。キーホルダーや荷物のタグ代わり、ジッププルなど、用途はいろいろだ。

用尺（約9cmのキーホルダー） ➡ 150cmを2本
テクニック ➡ 丸四つだたみ、ウォールノット
Tips ➡ 丸四つだたみはロープワークやマクラメでも定番の結び。2色づかいでななめのボーダー柄になる。

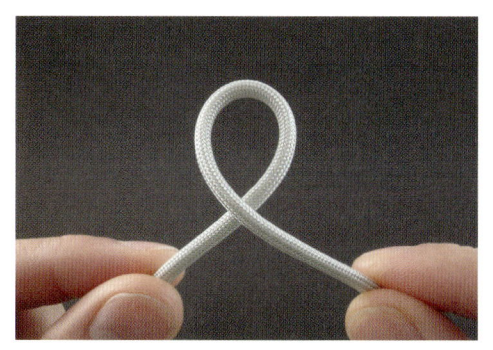

01 1本めのコード（白）の中央で反時計まわりのループをつくる。

02 2本めのコード（紺）をループに通し、中央を合わせる。

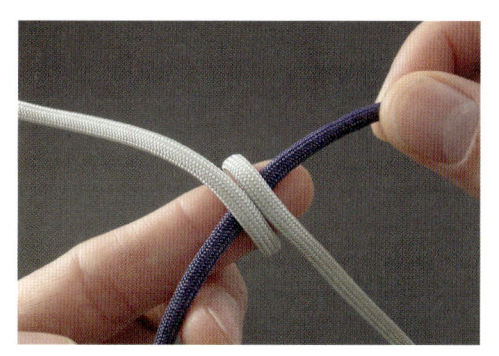

03 上下反転し、ループに人差し指を入れ紺コードが白コードと直交するように押さえる。

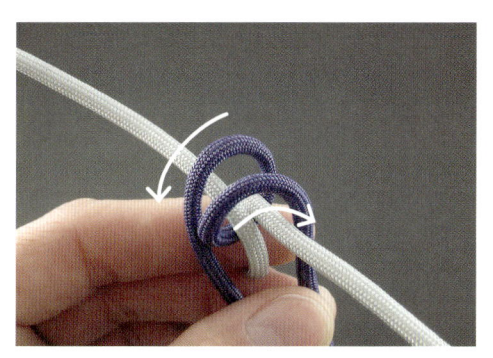

04 紺コードの両端を持ち上げ、それぞれ白コードをまたいで反対側へ移し、交差させる。

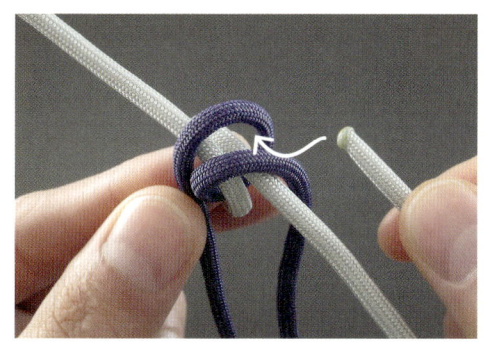

05 手前の白コードの端を持ち上げ、手前の紺コードの上を通して……

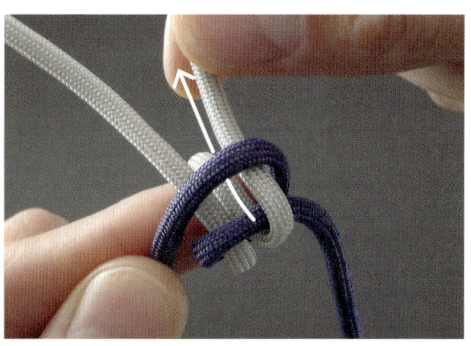

06 向こう側の紺コードのループに通して向こう側へ出す。

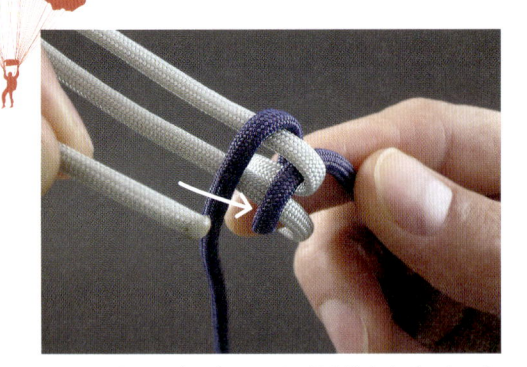

07 もう1本の白コードの端も持ち上げ、向こう側の紺コードの上を通して……

08 手前の紺コードのループに通して手前へ出す。4本のコードをしっかり引きしめる。

09 紺コード2本の端を持ち上げ、互い違いに白コードをまたいで反対側へ移す。

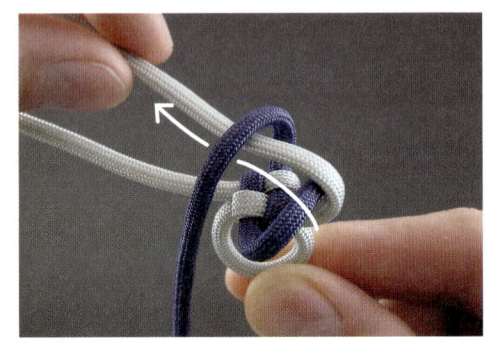

10 右の白コードの端を持ち上げ、2本の紺コードの上、下と通して左へ移す。

11 左の白コードも2本の紺コードの上、下と通して右に出し、コード4本を引きしめる。

12 一番短いコードの端が約13cmになるまで09〜11をくり返す。

13 [ウォールノットの結び方]写真のように持ち、下の紺コードを右の白コードにひっかける。

14 右の白コードを上の紺コードにひっかける。

Chapter 03　Coronation of Crown Sinnets　Round Crown Sinnet　53

15 上の紺コードを左の白コードにひっかける。

16 左の白コードを下の紺コードのループに向こう側から通して引き出す。

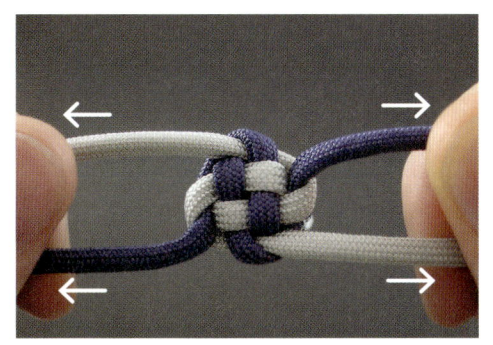

17 4本のコードしっかり引くと、ウォールノットの完成。

18 ウォールノットを丸四つだたみの下へ押し下げながらコードの端を引き……

ウォールノットを押し下げる

19 ウォールノットをしっかり固定する。

20 コードの端を2～3cm残して切りそろえ、焼き止めすれば丸四つだたみのキーホルダーのできあがり。

Royal Crown Sinnet
カバーリング四つだたみ

四つだたみと玉留めを交互に結び、玉留めで四つだたみをカバーしていく結び。コード4本でつくる結びのなかではもっとも分厚くなる。並行して走る2色のラインを強調するために、コントラストのはっきりした2色を選んで結ぼう。

用尺（約9cmのキーホルダー） ⇒ 180cmを2本
テクニック ⇒ 四つだたみ、玉留め
Tips ⇒ 芯になる四つだたみは、1回ごとにコードの重なり方向を逆にする「角四つだたみ」だ。

01 1本めのコード（カーキ）の中央に反時計まわりのループをつくる。

02 2本めのコード（黄緑）をループに通し、中央を合わせる。

03 上下反転し、ループに人差し指を入れ黄緑コードとカーキコードを直交させ押さえる。

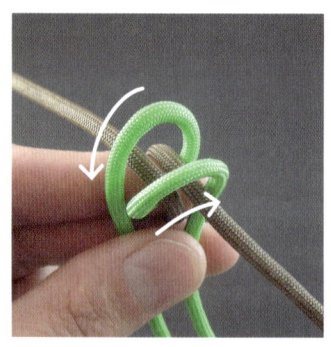

04 黄緑コードの両端を持ち上げ、それぞれカーキコードをまたいで反対側へ移す。

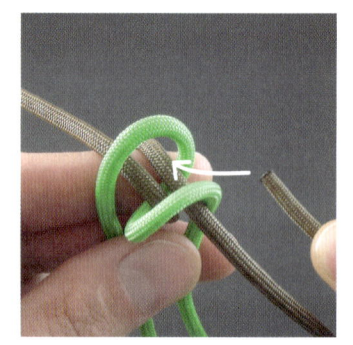

05 手前のカーキコードの端を持ち上げ、1本めの黄緑コードの上を通し……

06 2本めの黄緑コードの下を通して向こう側へ出す。

07 もう1本のカーキコードも2本の黄緑コードの上、下と通して手前に出す。

08 4本のコードを均等に引いてしっかり引きしめる。これで四つだたみがひとつ結べる。

09 次は玉留めを結ぶ。★の黄緑コードを下から右隣のカーキコードにひっかける。

Chapter 03 | Coronation of Crown Sinnets | Royal Crown Sinnet | 55

10 右のカーキコードを上の黄緑コードにひっかける。

11 上の黄緑コードを左のカーキコードにひっかける。

12 左のカーキコードを下（★）の黄緑コードのループに向こう側から通して引き出す。

13 4本のコードを引き四つだたみの外側で（下に行かないよう注意）玉留めを引きしめる。

14 左右の黄緑コードの端を持ち上げ、それぞれ結び目をまたいで反対側へ移す。

15 下のカーキコードを2本の黄緑コードの上、下と通して上へ出す。

16 上のカーキコードも2本の黄緑コードの上、下と通して下に出し4本を引きしめる。

17 一番短いコードの端が約13cmになるまで、09〜16をくり返す。

18 最後は四つだたみの下にウォールノット（→P.52）を結ぶ。

19 コードの端を2〜3cm残して切りそろえ、焼き止めする。

20 カバーリング四つだたみのキーホルダーのできあがり。

Corkscrew Crown Sinnet
コークスクリュー四つだたみ

四つだたみの表面に分厚いらせん模様を浮き上がらせた、革新的なデザイン。従来のテクニックから想像できる表現をはるかに超えるらせん模様は、パラコードクラフトの上級者をも混乱に陥れること間違いなしだ。

用尺（約9cmのキーホルダー） ➡ 180cmを2本
テクニック ➡ 丸四つだたみ
Tips ➡ 基本は丸四つだたみなのだが、ちょっとしたアクションを加えるだけで表面にらせんがあらわれる。

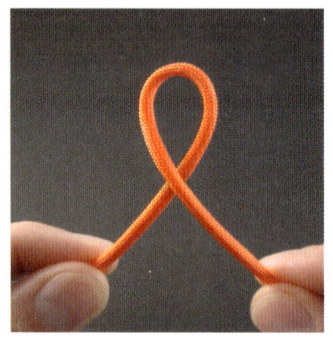

01 1本めのコード（オレンジ）の中央に反時計まわりのループをつくる。

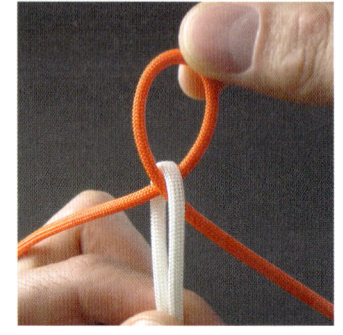

02 2本めのコード（白）をループに通し、中央を合わせる。

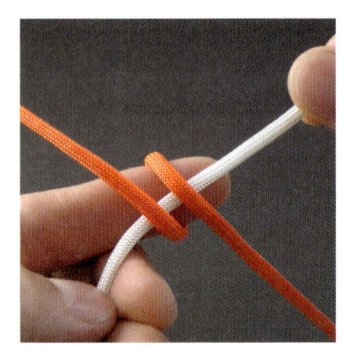

03 上下反転し、ループに人差し指を入れ白コードとオレンジコードを直交させ押さえる。

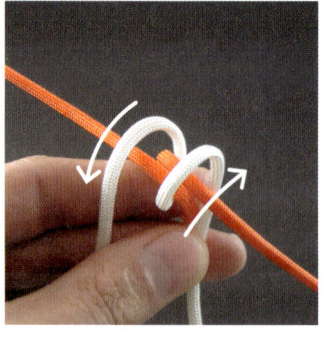

04 白コードの両端を持ち上げ、それぞれオレンジコードをまたいで反対側へ移す。

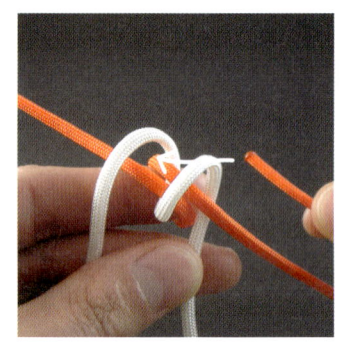

05 右下のオレンジコードの端を持ち上げ、1本めの白コードの上を通し……

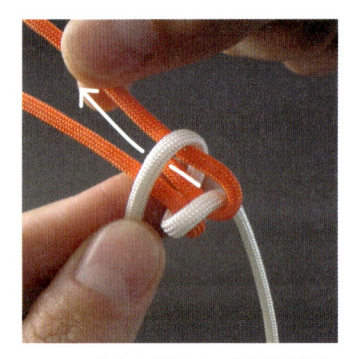

06 2本めの白コードの下を通して向こう側へ出す。

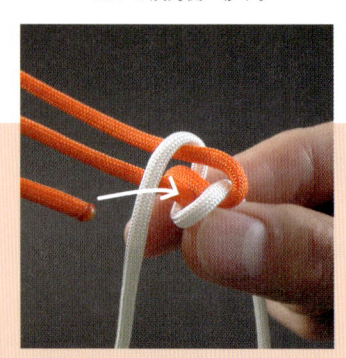

07 もう1本のオレンジコードも2本の白コードの上、下と通して手前に出す。

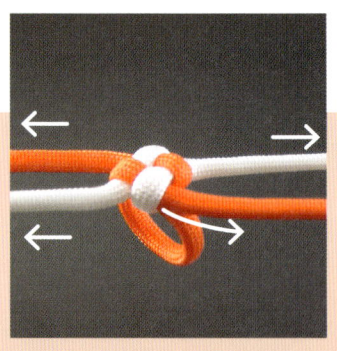

08 4本のコードを均等に引いてしっかり引きしめる。これで四つだたみがひとつ結べる。

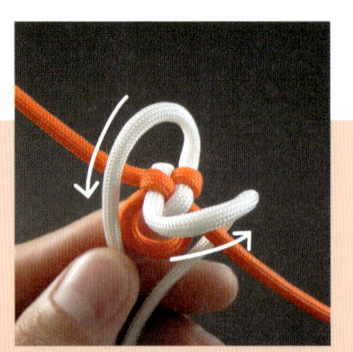

09 2本めの白コードの端を持ち上げ、それぞれ結び目をまたいで反対側へ移す。

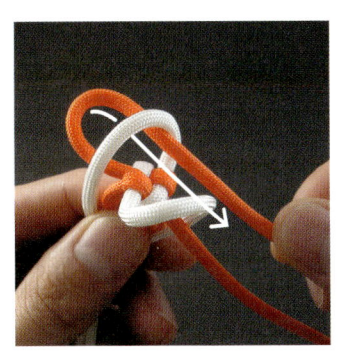

| Chapter 03 | Coronation of Crown Sinnets | Corkscrew Crown Sinnet | 57 |

10 向こう側のオレンジコードを2本の白コードの下、上、と通して手前に出す。

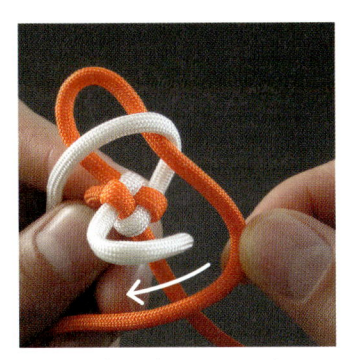

11 手前に出したオレンジコードの端を左へ曲げる。

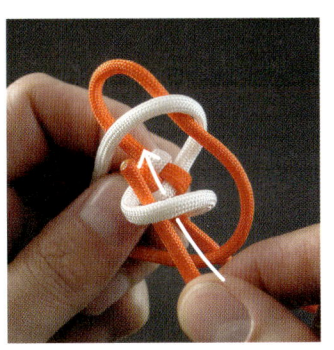

12 もう1本のオレンジコードを11で曲げたオレンジコードの上、白コードの下と通し……

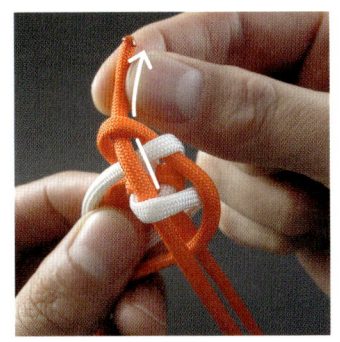

13 次の白コードの上、その次のオレンジコードのループに通して向こう側へ出す。

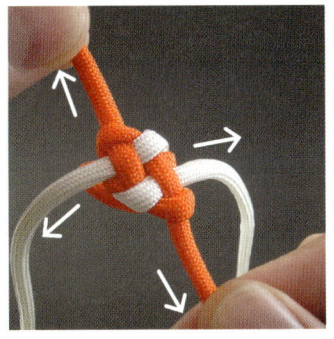

14 4本のコードをそれぞれ引いて結び目をしっかり引きしめる。

15 一番短いコードが残り約13cmになるまで09〜14をくり返す。

16 [4本組みダイアモンドノット(玉留め)の結び方] 2本の白コードの端を持ち上げ、それぞれ結び目の上を通して反対側へ移す。

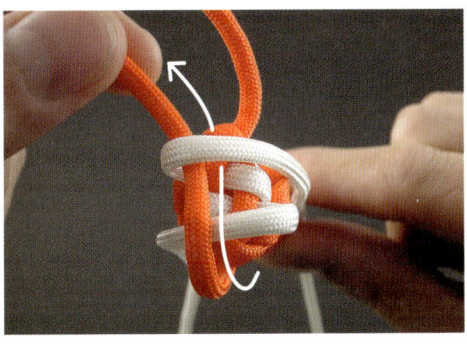

17 下のオレンジコードの端を持ち上げ、1本めの白コードの上、2本めの白コードの下を通して上へ出す。

18 上のオレンジコードの端も持ち上げ、1本めの白コードの上、2本めの白コードの下を通して下へ出す。

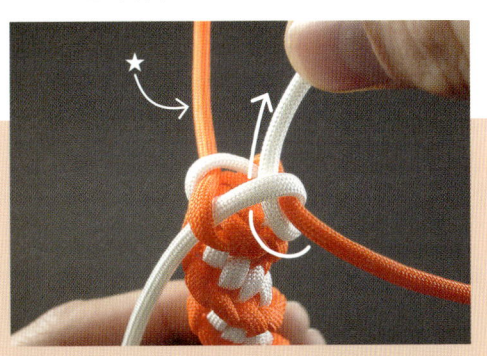

19 右の白コード1本を時計まわりに曲げてオレンジコードの下からもう1本の白コードのループに通し、四つだたみの中心に出す。

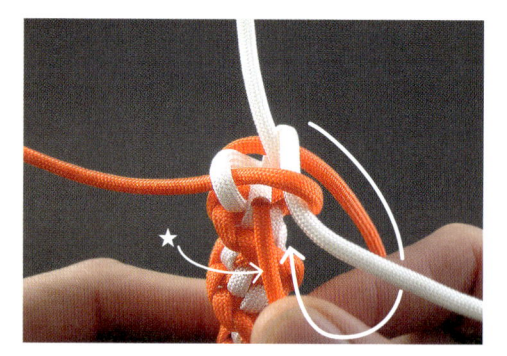

20 時計まわりに90度まわし、★のオレンジコードの端を矢印のように白コードの下からもう1本のオレンジコードのループに通し……

21 四つだたみの中心に出す。

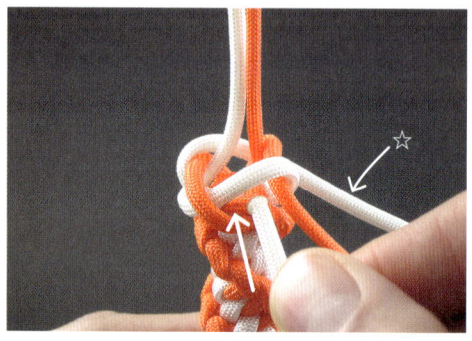

22 時計まわりに90度まわし、☆の白コードの端を左隣のオレンジコードの下からもう1本の白コードのループに通し……

23 四つだたみの中心に出す。

24 時計まわりに90度まわし、残ったオレンジコードも同様にもう1本のオレンジコードのループに通し(重なった白コードの下に入れる)……

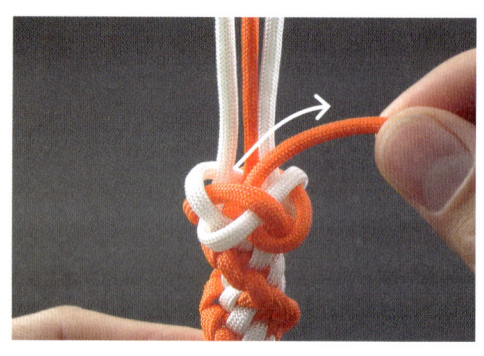

25 四つだたみの中心に出す。

26 結び目がしっかり引きしまるまで4本のコードの端を引きしめる。これで4本組みダイアモンドノットのできあがり。

27 コードの端を2～3cm残して切りそろえ、焼き止めすればコークススクリュー四つだたみのキーホルダーのできあがり。

Striped Crown Sinnet
ストライプ四つだたみ

この結びのテクニック自体は、じつはコークスクリュー四つだたみ（→P.56）とほとんど同じ。それなのに見た目がこんなに違うのは、ベースとなる四つだたみの回転方向を1回ごとに変えているため。丸四つだたみと角四つだたみの違いが形状の違いにあらわれるというわけだ。

用尺（約9cmのキーホルダー）→ 180cmを2本
テクニック→ 角四つだたみ
Tips→ ストライプがクリアにあらわれるよう、コードはコントラストのはっきりした2色を選ぼう。

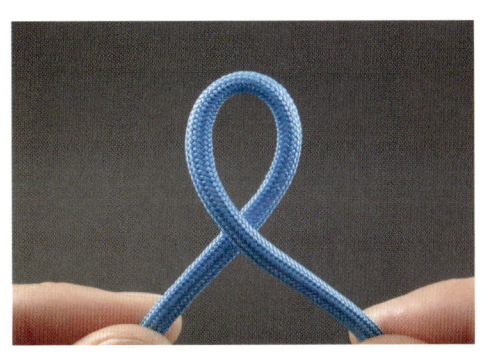

01 1本めのコード（青）の中央で反時計まわりのループをつくる。

02 2本めのコード（茶）をループに通し、中央を合わせる。

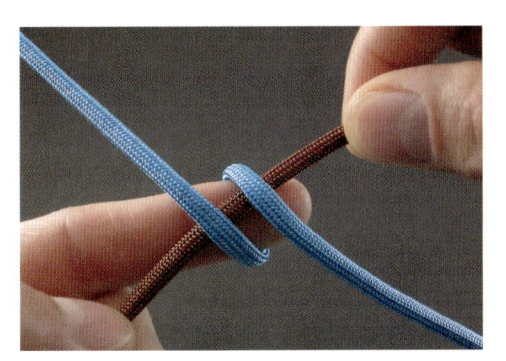

03 上下をひっくり返し、ループに人差し指を入れて茶コードが青コードと直交するように押さえる。

04 2本の茶コードの端を持ち上げ、それぞれ青コードの上を通して反対側へ移す。

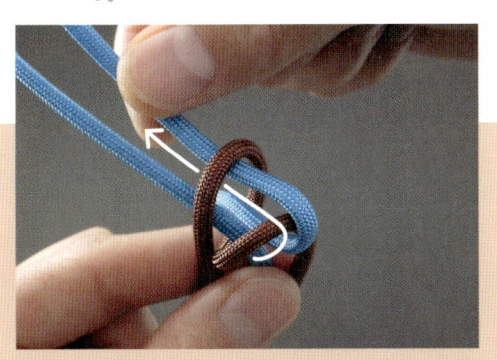

05 手前の青コードの端を持ち上げ、1本めの茶コードの上を通し、2本めの茶コードの下を通して向こう側へ出す。

06 向こう側の青コードの端も持ち上げ、1本めの茶コードの上、2本めの茶コードの下を通して手前へ出す。

07 4本のコードを均等に引き、四つだたみの結び目をしっかり引きしめる。

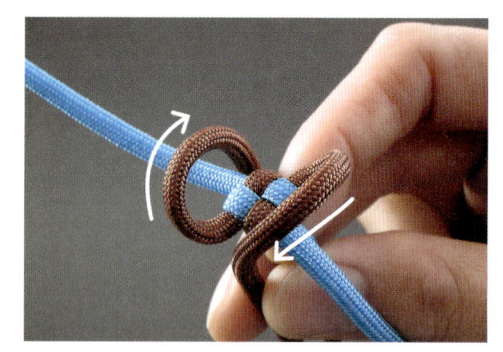

08 2本の茶コードの端を持ち上げ、結び目の上を通してそれぞれ反対側へ移す。

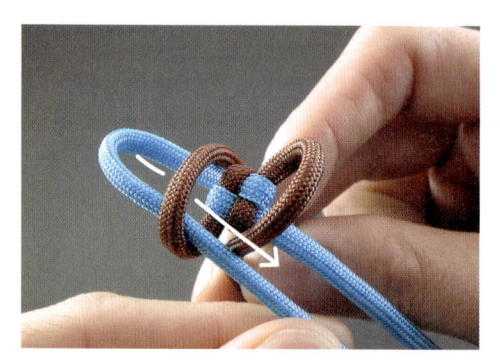

09 向こう側の青コードの端を持ち上げ、1本めの茶コードの下、2本めの茶コードの上を通して手前へ出す。

10 手前へ出した青コードの端を右へ曲げる。

11 もう1本の青コードの端を持ち上げ、10で曲げた青コードの上、1本めの茶コードの下を通し……

12 2本めの茶コードの上、その次の青コードのループを通して向こう側へ出す。

13 4本のコードを均等に引いて結び目をしっかり引きしめる。

14 2本の茶コードの端を持ち上げ、結び目の上からそれぞれ反対側へ移す。

Chapter 03 | Coronation of Crown Sinnets | Striped Crown Sinnet | 61

15 向こう側の青コードの端を持ち上げ、1本めの茶コードの下、2本めの茶コードの上を通して手前に出す。

16 手前に出したコードの端を左へ曲げる。

17 もう1本の青コードの端を持ち上げ、17で曲げた青コードの上、1本めの茶コードの下を通し……

18 2本めの茶コードの上、その次の青コードのループを通して向こう側へ出す。

19 4本のコードを均等に引いて結び目をしっかり引きしめる。

20 一番短いコードの端が約13cmになるまで08〜19をくり返す。

21 4本組みダイアモンドノット（→P.57）を結び、コードの端を2〜3cm残して切りそろえ、焼き止めする。

22 ストライプ四つだたみのキーホルダーのできあがり。

Spectrally Clusterd Crown Sinnet
レインボー四つだたみ

この結びは、ベーシックな角四つだたみのカラフルバージョン。ここでは3色での結び方を解説しているけれど、実際には4色、あるいは5色でだって結ぶことができる。カスタマイズにより色の効果を存分に楽しめる結びだ。

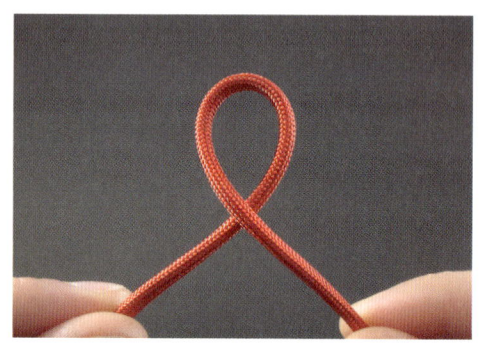

01 1本めのコード（赤）の中央で反時計まわりのループをつくる。

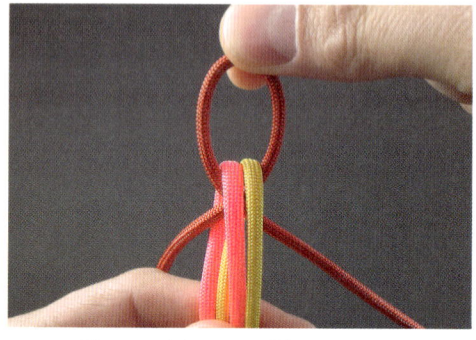

02 残りの2本（ピンクと黄）のコードをループに通し、中央を合わせる。

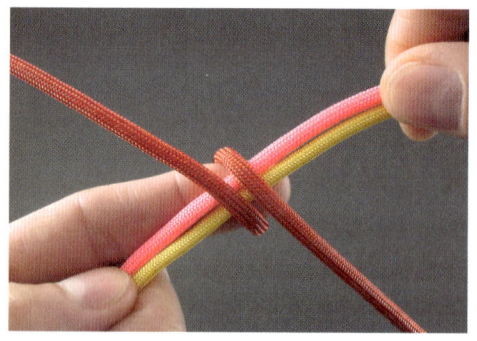

03 上下を反転し、ループに人差し指を入れ2本のコードを赤コードと直交させ押さえる。

04 ピンクコードと黄コードを×の形に交差させ配置する。

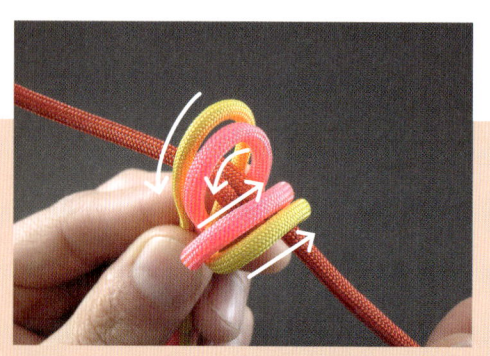

05 ピンクコードと黄コードの端（合計4本）を持ち上げ、それぞれ反対側へ移す。

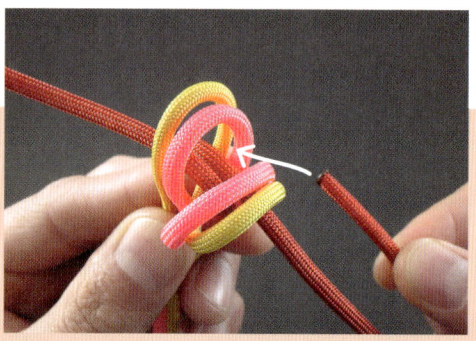

06 手前の赤コードの端を持ち上げ、手前の2本のコードの上を通して……

Chapter 03 | Coronation of Crown Sinnets | Spectrally Clusterd Crown Sinnet | 63

用尺（約 9 ㎝のキーホルダー）→ 210 ㎝を 3 本
テクニック → 角四つだたみ
Tips → 四つだたみを結んでいくとき、1 回ごとに回転方向が逆になるのがポイントだ。

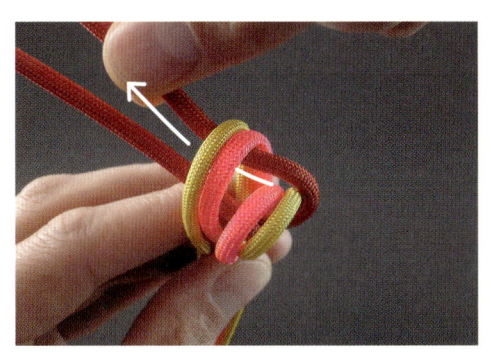

07 向こう側の 2 本のコードの下を通して向こう側へ出す。

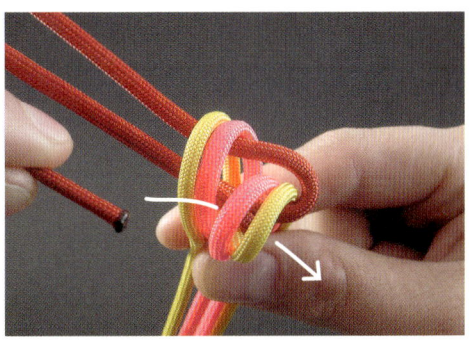

08 向こう側の赤コードの端も持ち上げ、向こう側の 2 本のコードの上、手前の 2 本のコードの下を通して手前に出す。

09 すべてのコードを引いて四つだたみの結び目を均等にしっかり引きしめる。

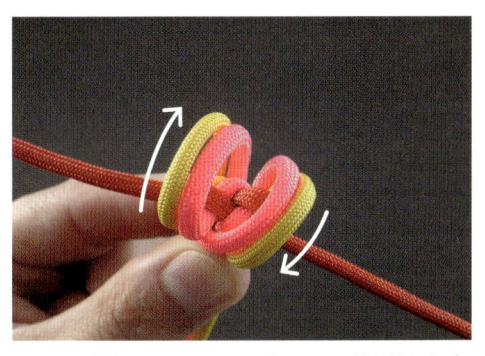

10 左右のピンクコード、黄コードの端を持ち上げ、それぞれ結び目の上を通して反対側へ移す。

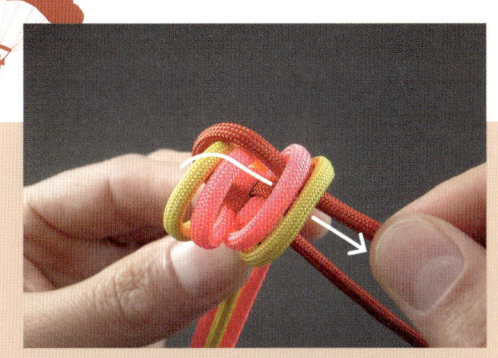

11 向こう側の赤コードの端を持ち上げ、最初のコード 2 本の上、次のコード 2 本の下を通して手前へ出す。

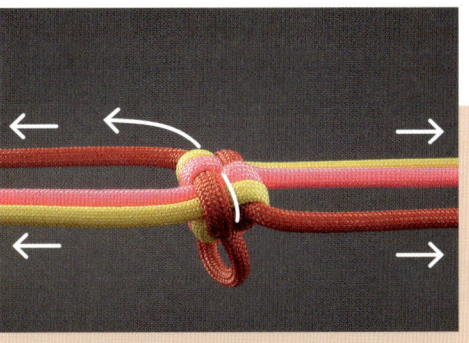

12 手前の赤コードの端も最初のコード 2 本の上、次のコード 2 本の下を通して向こう側へ出し、すべてのコードを均等に引きしめる。

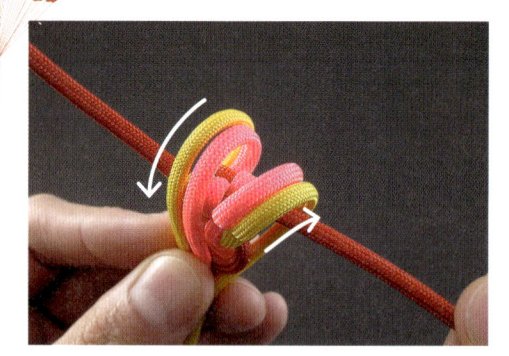

13 左右のピンクコード、黄コードの端を持ち上げ、それぞれ結び目の上を通して反対側へ移す。

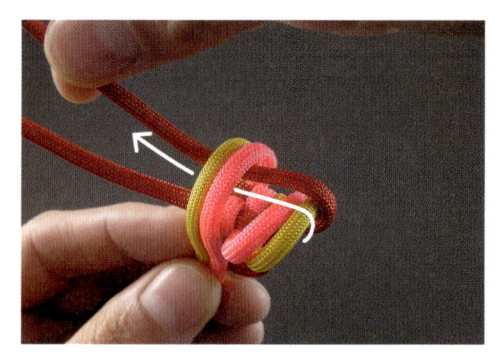

14 右側の赤コードの端を持ち上げ、最初のコード2本の上、次の2本のコードの下を通して左側へ出す。

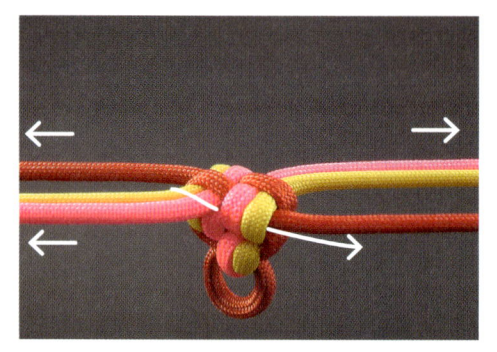

15 左側の赤コードも最初のコード2本の上、次のコード2本の下を通して右側へ出し、すべてのコードを均等に引きしめる。

16 一番短いコードの残りが約13cmになるまで10～15をくり返す。

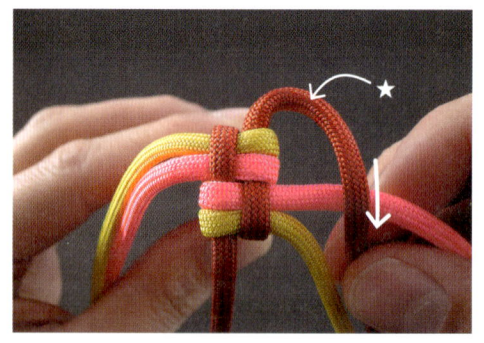

17 [6本組みダイアモンドノット（玉留め）の結び方]上の赤コードの端を持ち上げ、時計まわりに曲げてピンクコードの手前に出す。

18 ピンクコードの端を持ち上げ、時計まわりに曲げて黄コードの手前に出す。

19 黄コードの端を持ち上げ、時計まわりに曲げて赤コードの手前に出す。

20 赤コードの端を持ち上げ、時計まわりに曲げてピンクコードの手前に出す。

| Chapter 03 | Coronation of Crown Sinnets | Spectrally Clusterd Crown Sinnet | 65 |

21 ピンクコードの端を持ち上げ、時計まわりに曲げて黄コードの手前に出す。

22 黄コードの端を持ち上げ、時計まわりに曲げて最初の赤コード(★)のループに通す。

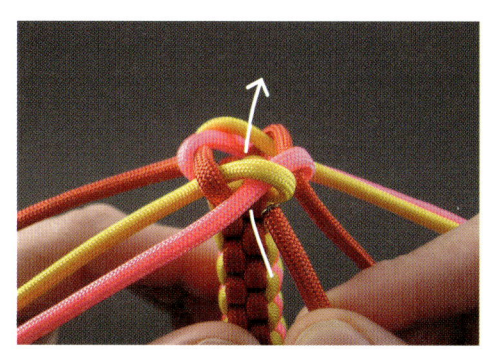

23 赤コード(★)の端を持ち上げ、時計まわりにまわして矢印のように通し……

24 四つだたみの中心に入れる。

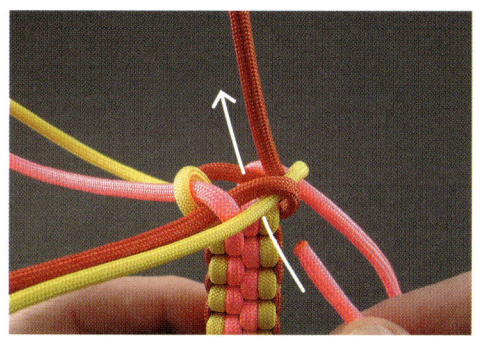

25 ピンクコード(☆)の端を持ち上げ、時計まわりにまわして矢印のように通し……

26 四つだたみの中心に入れる。

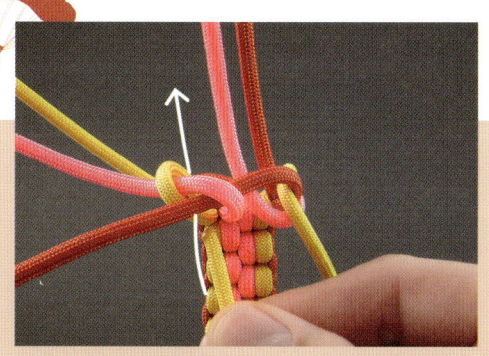

27 黄コード(♥)の端を持ち上げ、時計まわりにまわして矢印のように通し……

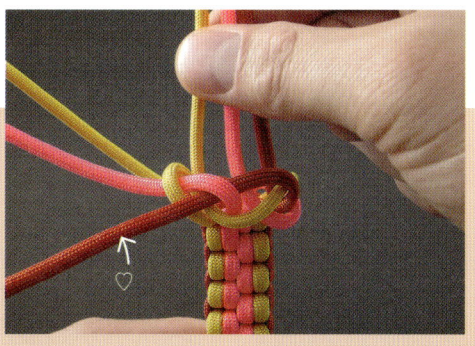

28 四つだたみの中心に入れる。

29 赤コード(♡)の端を持ち上げ、時計まわりにまわして矢印のように通し……

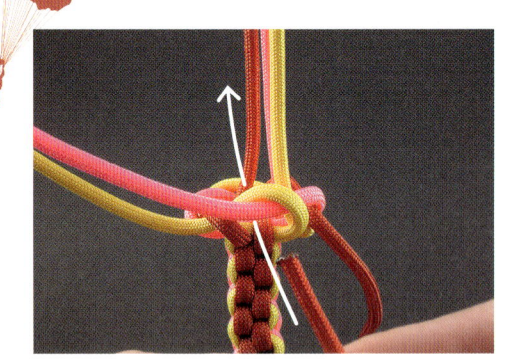

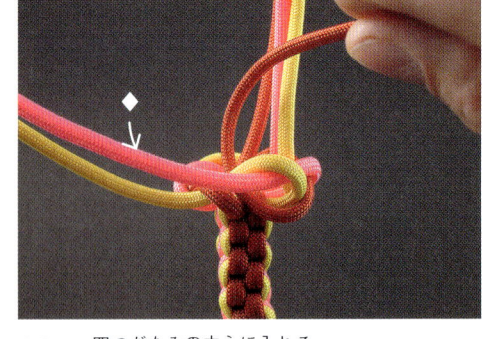

30 四つだたみの中心に入れる。

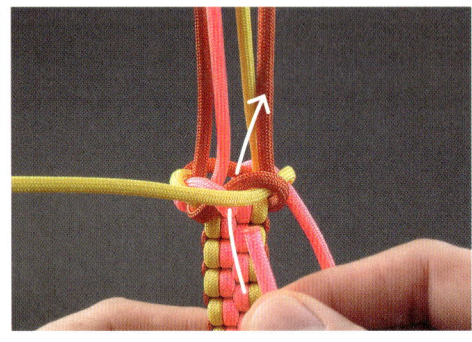

31 ピンクコード(◆)の端を持ち上げ、時計まわりにまわして矢印のように通し……

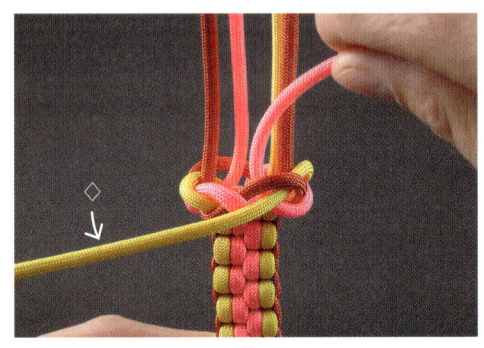

32 四つだたみの中心に入れる。

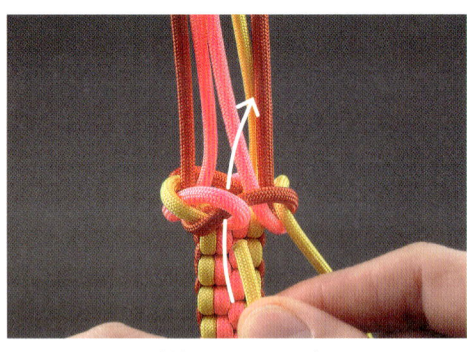

33 黄コード(◇)の端を持ち上げ、時計まわりにまわして矢印のように通し……

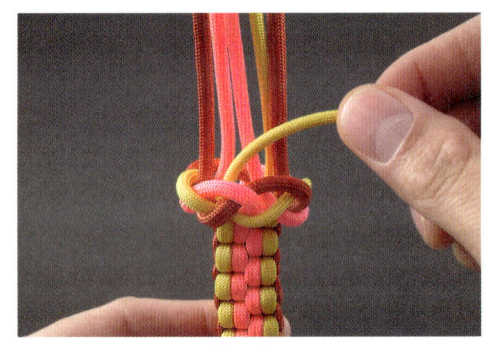

34 四つだたみの中心に入れる。

35 6本のコードの端を均等に引いて結び目をしっかり引きしめる。

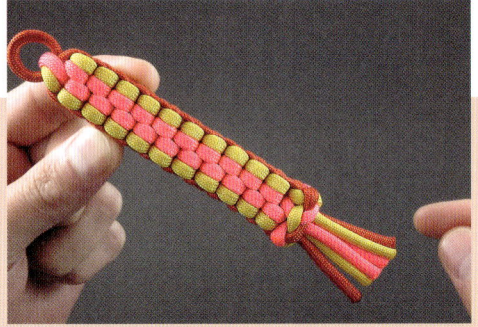

36 コードの端を2～3cm残して切りそろえ、焼き止めすればレインボー四つだたみのキーホルダーのできあがり。

Chapter 04

Sine Wave Sinnets

サインウエーブ結びのバリエーション

規則正しい正弦波のようなジグザグ模様だから、サインウエーブ結び。角柱のようなボリューム感ある形も特徴なので、握りやすいキーホルダーづくりにぴったりな結びだ。

10 How to knot ≫ page 80
How to make ≫ page 154
デザートフラワーメダルのバッグチャーム

個性的なフォルムのモチーフは、つけておくだけで
ラゲッジタグの役割も果たしてくれる。

11 How to knot ≫ page 80
How to make ≫ page 154
デザートフラワーメダルのネックレス

金属のアクセサリーが苦手な人にぴったり。
ループの長さは好みで調整しよう。

69

12 How to knot ≫ page 74
How to make ≫ page 155

ワイドサインウエーブ結びのジッププル

2色のコードが2本ずつ、合計4本も横に
並ぶデザイン。圧巻のボリュームだ。

13 How to knot ≫ page 72
How to make ≫ page 155

色分けサインウエーブ結びのジッププル

四角柱の面により色が違うのがミソ。
どんな配色にするかがセンスの見せどころだ。

Sine Wave Sinnet
サインウエーブ結び

この結びは同じ振り幅の波が規則正しくくり返されてゆくデザインで、サインウエーブ（正弦波）結びという名前は、このデザインに由来する。均整のとれた心地よいジグザグパターンは、両端を引っ張ると伸び縮みするというのも持ち味のひとつだ。

用尺（約9cmのキーホルダー） ➡ 150cmを2本
テクニック ➡ サインウエーブ結び
Tips ➡ サインウエーブパターンは結んでいるときの側面にあらわれる。

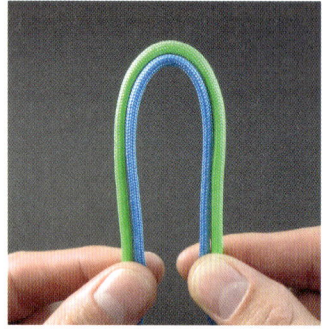

01 2本のコードをそろえて持ち、中央で二つ折りにする。

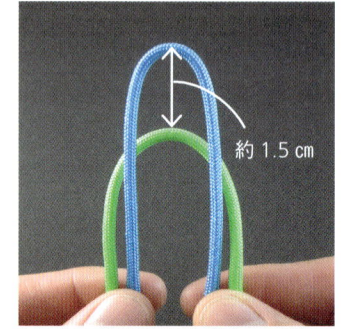

02 1本（緑）をもう1本（青）の向こう側に置き、ループのトップから約1.5cm下げる。

03 緑コードの両端を手前にまわし、右を上にして2本を交差させる。

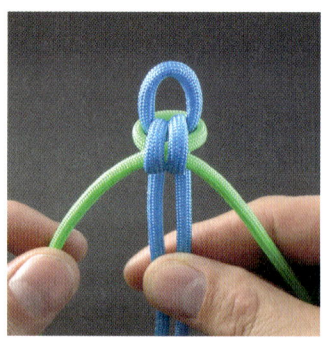

04 青コード2本を緑コードのループに通し、既存の青コード2本の間へ入れ下へ出す。

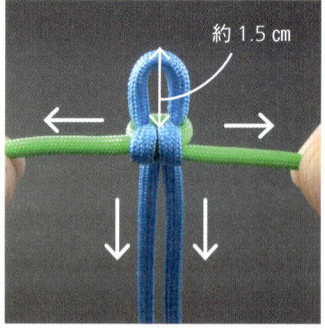

05 4本のコードを引きしめる。このとき青コードのループの高さを約1.5cmにする。

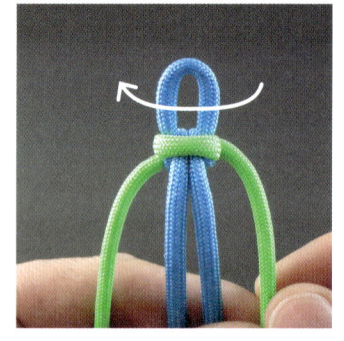

06 水平に裏返して持ち替える。

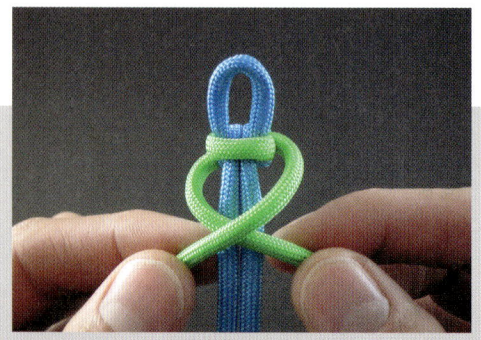

07 緑コード2本の両端を手前にまわし、右を上にして2本を交差させる。

08 青コード2本の端を持ち上げ、緑コードのループに通し、既存の青コード2本の間へ入れ下へ出す。

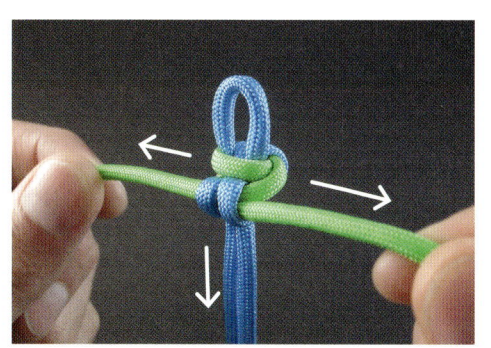

| Chapter 04 | Sine Wave Sinnets | Sine Wave Sinnet | 71 |

09 4本のコードを引きしめる。

10 水平に裏返して持ち替える。

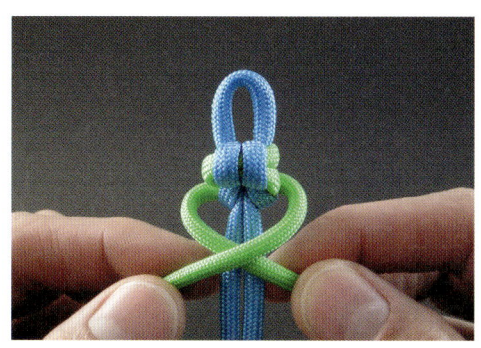

11 緑コード2本の両端を手前にまわし、右を上にして2本を交差させる。

12 青コードの2本を緑コードのループに通し、既存の青コード2本の間へ入れ下へ出す。

13 4本のコードを引きしめる。

14 一番短いコードの残りが約13cmになるまで06〜13をくり返す。

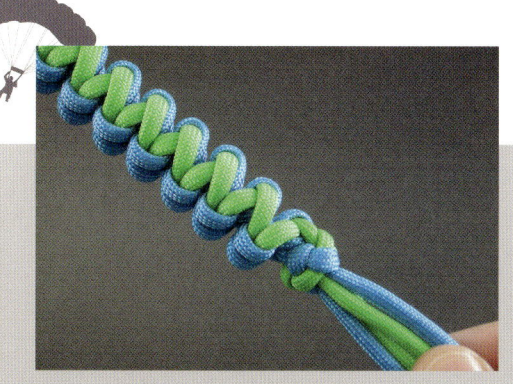

15 4本組みダイアモンドノット(→P.57)を結ぶ。

16 2〜3cm残してコードの端を切りそろえ、焼き止めすると、サインウエーブ結びのキーホルダーのできあがり。

Divided Sine Wave Sinnet
色分けサインウエーブ結び

サインウエーブ結び（→P.70）の3色バージョン。ベーシックなサインウエーブ結びよりも波の振り幅が少し大きくなり、その分わずかな地厚に。構造はより頑丈で、かたくなる。3色のカラーリングに好みのスクールカラーやチームカラーを取り入れるのもおすすめだ。

用尺（約9cmのキーホルダー）→ 150cmを3本
テクニック → サインウエーブ結び
Tips → 結んでいるときの表面と裏面に各1色、側面のジグザグ模様は両面とも同色という3色構成になる。

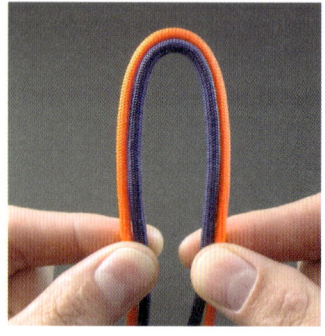

01 2本のコードをそろえて持ち、中央で二つ折りにする。

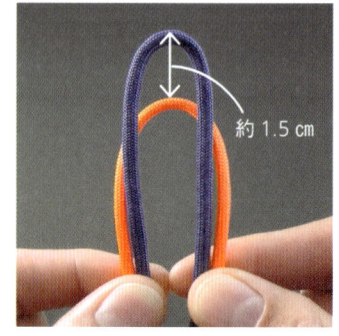

02 オレンジコードを後ろに置き、青コードより約1.5cm下げる。

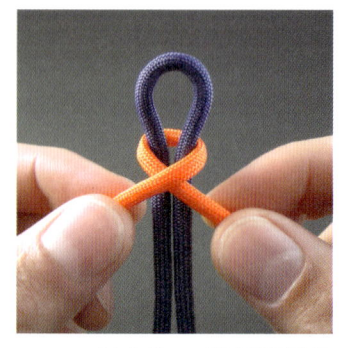

03 オレンジコードの両端を手前にまわし、右を上にして2本を交差させる。

04 紺コード2本をオレンジコードのループに通し、既存の紺コード2本の間へ入れ下へ出す。

05 紺コードのループの高さを約1.5cmに保ちながら、オレンジコードを少しゆるめる。

06 ゆるめたオレンジコードのループに写真のように白コードを通し、中央を合わせる。

07 すべてのコードを引いて白コードをしっかり固定する。

08 水平に裏返し、持ち替える。

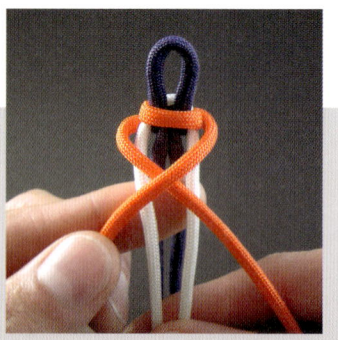

09 オレンジコードを手前にまわし、右を上にして2本を交差させる。

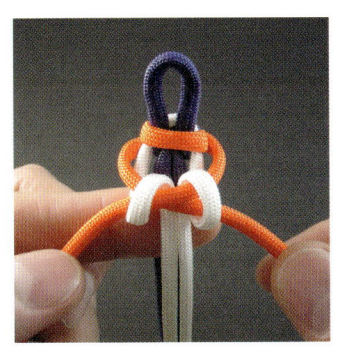

Chapter 04　Sine Wave Sinnets　Divided Sine Wave Sinnet　73

10　白コード2本をオレンジコードのループに通し、既存の白コード2本の間へ入れ下へ出す。

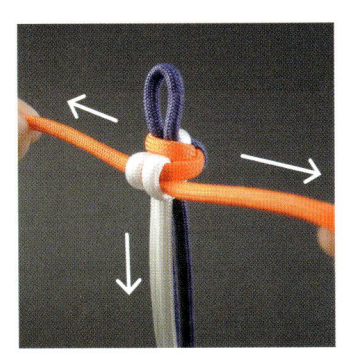

11　オレンジコードと白コードをしっかり引きしめる。

12　水平に裏返し、持ち替える。

13　オレンジコードを手前にまわし、右を上にして2本を交差させる。

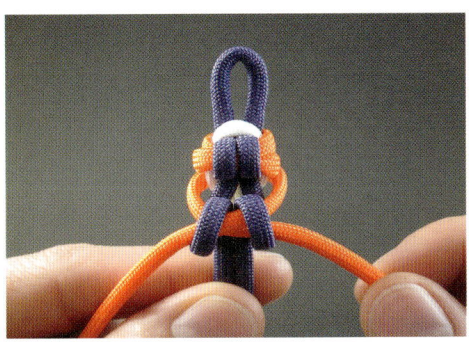

14　紺コード2本をオレンジコードのループに通し、既存の紺コード2本の間へ入れ下へ出す。

15　オレンジコードと紺コードをしっかり引きしめる。

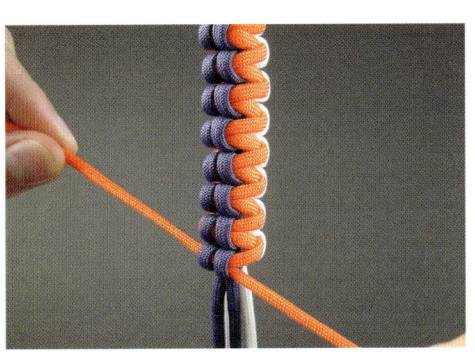

16　一番短いコードの残りが約13cmになるまで08〜15をくり返す。

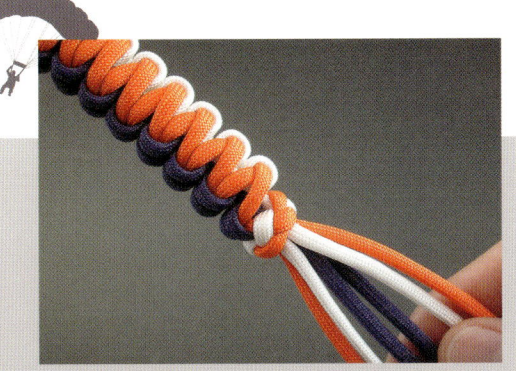

17　紺コード2本を芯にして、残りの4本で4本組みダイアモンドノット(→P.57)を結ぶ。

18　端を2〜3cm残してカットし、焼き止めすれば色分けサインウエーブ結びのキーホルダーのできあがり。

Wide Sine Wave Sinnet
ワイドサインウエーブ結び

名前のとおり、サインウエーブ結びのワイドバージョンで、ジグザグ模様の側面よりも2色のストライプになる面の幅のほうが広くなる。3色めのコードは単なる差し色というよりは幅を出すための構成要素として加えているのだが、結果的にきれいなストライプの模様が生まれた。

用尺（約9cmのキーホルダー） ⇒ 180cmを3本
テクニック ⇒ サインウエーブ結び
Tips ⇒ 色分けサインウエーブ結びでは表裏に分けていた2色を、両面とも2色2本の計4本巻きつけていく。

01 2本のコードをそろえて持ち、中央で二つ折りにする。

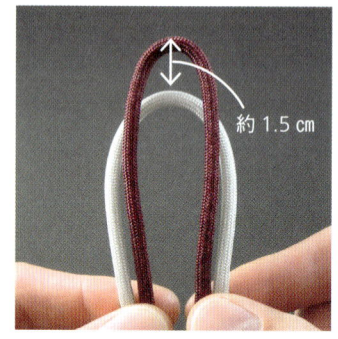

02 白コードを後ろに置き、茶コードより約1.5cm下げる。

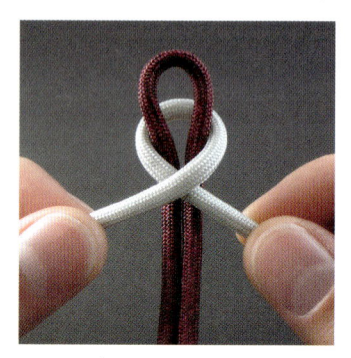

03 白コードの両端を手前にまわし、右を上にして2本を交差させる。

04 茶コード2本を白コードのループに通し、既存の茶コード2本の間へ入れ下へ出す。

05 茶コードのループの高さを約1.5cmに保ちながら、白コードを少しゆるめる。

06 ゆるめたループにベージュコードを通して中央を合わせる。

07 右のベージュコードを白コードのループの右側に通し、既存のベージュコードの外側に入れ下へ出す。

08 左のベージュコードを白コードのループの左側に通し、既存のベージュコードの外側に入れ下へ出す。

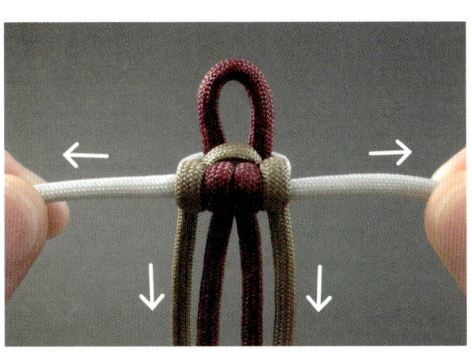

Chapter 04　Sine Wave Sinnets　Wide Sine Wave Sinnet　75

09　すべてのコードをしっかり引きしめる。

10　水平に裏返し、持ち替える。

11　白コードを手前にまわし、右を上にして2本を交差させる。

12　内側の茶コード2本を白コードのループに通し、既存の茶コード2本の間に入れ下へ出す。

13　右のベージュコードを白コードのループの右側に通し、既存のベージュコードの外側に入れ下へ出す。

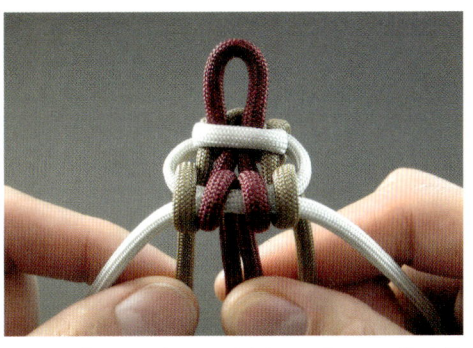

14　左のベージュコードを白コードのループの左側に通し、既存のベージュコードの外側に入れ下へ出す。

15　すべてのコードをしっかり引きしめる。

16　水平に裏返し、持ち替える。

17 白コードを手前にまわし、右を上にして2本を交差させる。

18 内側の茶コード2本を白コードのループに通し、既存の茶コード2本の間に入れ下へ出す。

19 右のベージュコードを白コードのループの右側に通し、既存のベージュコードの外側に入れ下へ出す。

20 左のベージュコードを白コードのループの左側に通し、既存のベージュコードの外側に入れ下へ出す。

21 すべてのコードをしっかり引きしめる。

22 一番短いコードの残りが約13cmになるまで10～21をくり返す。

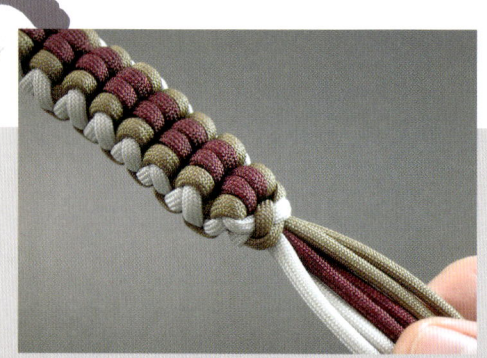

23 内側のコード(茶)2本を芯にして、残りの4本で4本組みダイアモンドノット(→P.57)を結ぶ。

24 コードの端を2～3cm残して切りそろえ、焼き止めすればワイドサインウエーブ結びのキーホルダーのできあがり。

Temple Tower Sinnet
テンプルタワー結び

この結びはサインウエーブ結びのアレンジなのだが、4面とも同じ模様で、それがゆるく回転しながら何層にも重なるデザイン。カンボジアのアンコールワットにある寺院の塔を思い起こさせる形状だ。その独特の形状ゆえ、キーホルダーにしてにぎったときの感触が絶妙なのも自慢のひとつ。

用尺（約9cmのキーホルダー）⇒240cmを1本〈赤〉と180cmを2本〈青・白〉
テクニック⇒サインウエーブ結び
Tips⇒90度ずつ回転させながら4面を順に結んでいく。

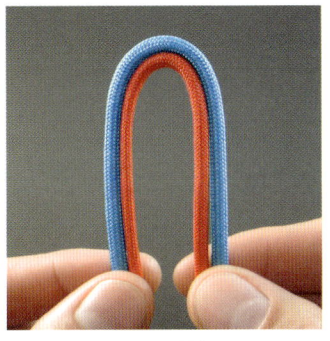

01 長いコード（赤）と短いコード（青）の中央をそろえて持ち、中央で二つ折りにする。

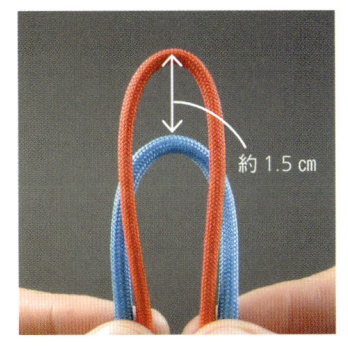

02 青コードを後ろに置き、赤コードより約1.5cm下げる。

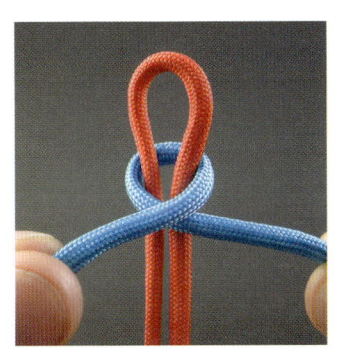

03 青コードの両端を手前にまわし、右を上にして2本を交差させる。

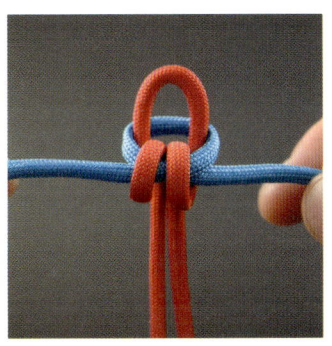

04 赤コード2本を青コードのループに通し、既存の赤コード2本の間へ入れ下へ出す。

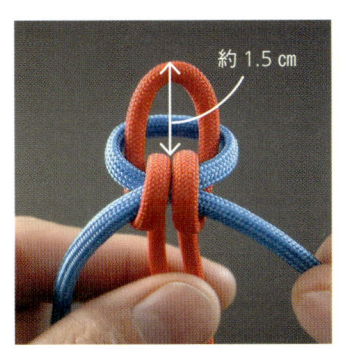

05 赤コードのループの高さを約1.5cmに保ちながら、青コードを少しゆるめる。

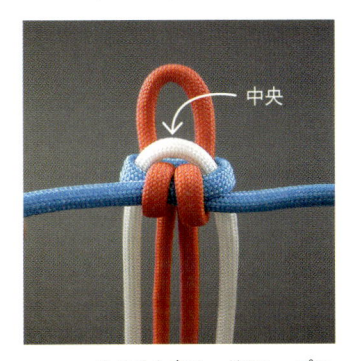

06 ゆるめた青コードのループに写真のように白コードを通し、中央を合わせる。

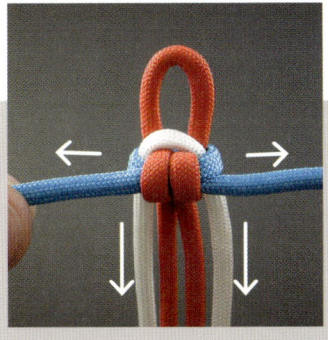

07 すべてのコードを引いて白コードをしっかり固定する。

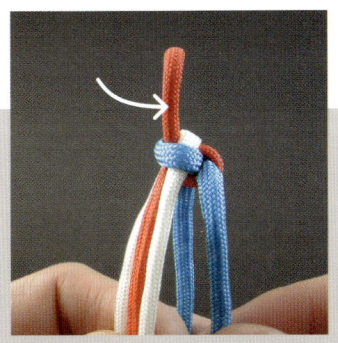

08 右へ90度まわして持ち替える。

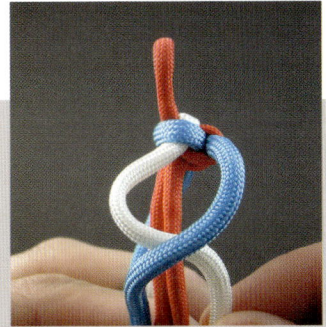

09 手前にある青コードと白コードを右（青）を上にして交差させる。

10 赤コード2本をループに通し、既存の赤コード2本の間に入れ下へ出す。

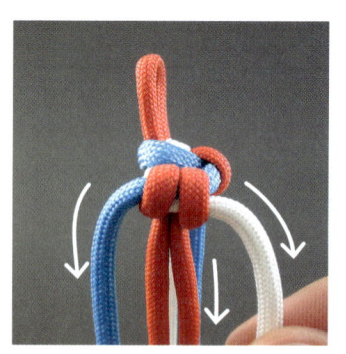

11 手前にある4本のコードをそれぞれしっかり引きしめる。

12 右へ90度まわして持ち替える。

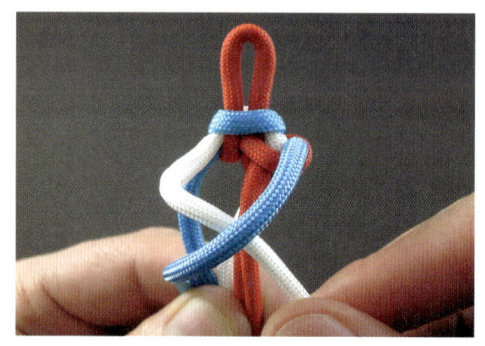

13 手前にある青コードと白コードを右(青)を上にして交差させる。

14 赤コード2本を青コードと白コードのループに通し、既存の赤コード2本の間に入れ下へ出す。

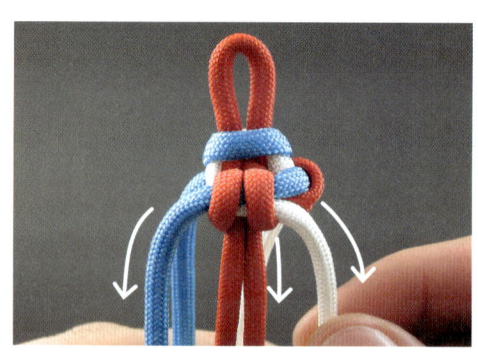

15 手前にある4本のコードをそれぞれしっかり引きしめる。

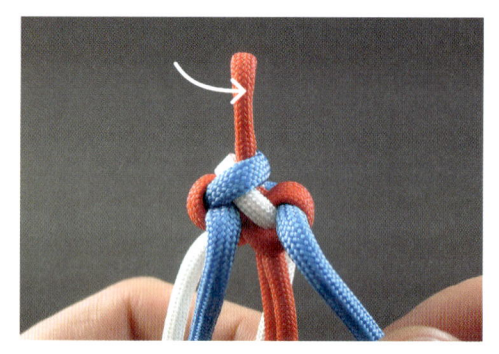

16 右へ90度まわして持ち替える。

17 手前にある青コード2本を右を上にして交差させる。

18 赤コード2本を青コードと白コードのループに通し、既存の赤コード2本の間に入れ下へ出す。

Chapter 04　　Sine Wave Sinnets　　Temple Tower Sinnet　　79

19 手前にある4本のコードをそれぞれしっかり引きしめる。

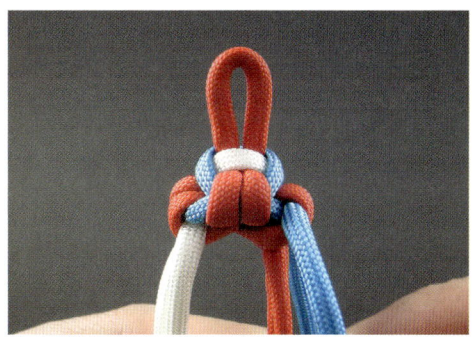

20 右へ90度まわして持ち替える。

21 手前にある青コードと白コードを右(青)を上にして交差させる。

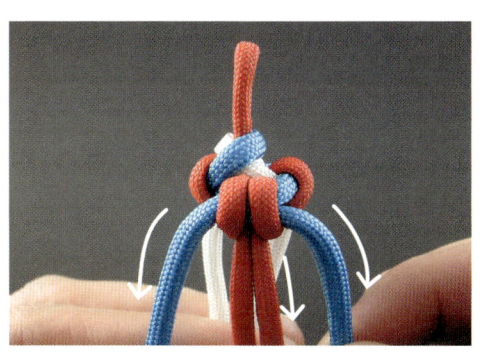

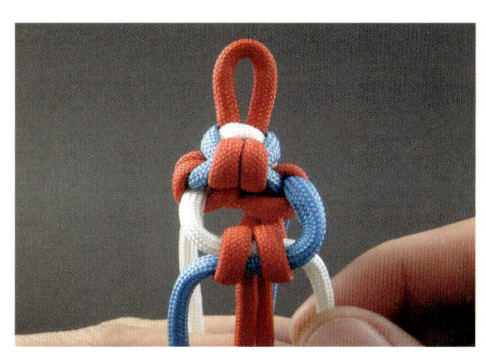

22 赤コード2本を青コードと白コードのループに通し、既存の赤コード2本の間に入れ下へ出す。

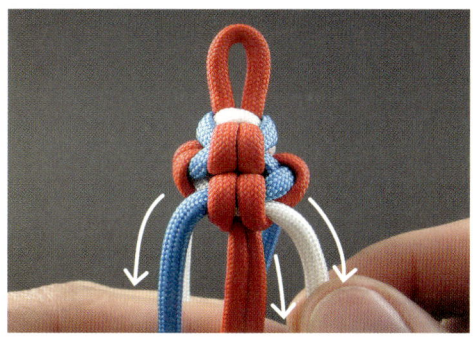

23 手前にある4本のコードをそれぞれしっかり引きしめる。

24 一番短いコードの残りが約13cmになるまで08〜23をくり返す。

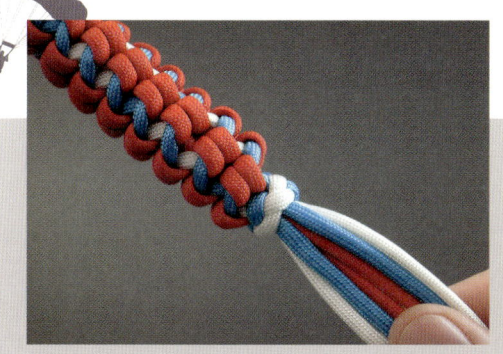

25 長いコード(赤)2本を芯にして、残りの4本で4本組みダイアモンドノット(→P.57)を結ぶ。

26 コードの端を2〜3cm残して切りそろえ、焼き止めすればテンプルタワー結びのキーホルダーのできあがり。

Desert Flower Medallion
デザートフラワーメダル

この結びは、本書に収録した結びのなかでも私がとくに気に入っているデザインのひとつだ。光輝く花のようなシームレスパターンはネックレスのチャームにぴったりで、その美しい形で周囲の人の目を釘づけにするはず。実際、プレゼントにぴったりな結びでもある。

用尺(直径約4cmのメダル)⊃ 210cm〈ピンク〉、150cm〈青〉を各1本
テクニック ⊃ サインウエーブ結び
Tips ⊃ 上記用尺でメダルつきネックレスができる。

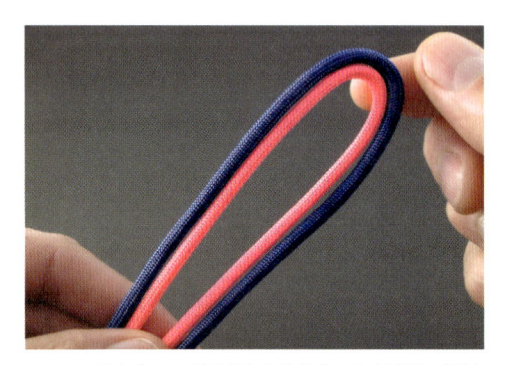

01 2本のコードをそろえて持ち、中央で二つ折りにする。

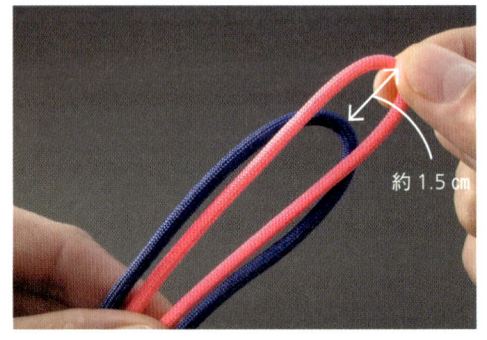

02 短いコード(青)を向こう側に置き、長いほう(ピンク)のトップから約1.5cm下げる。

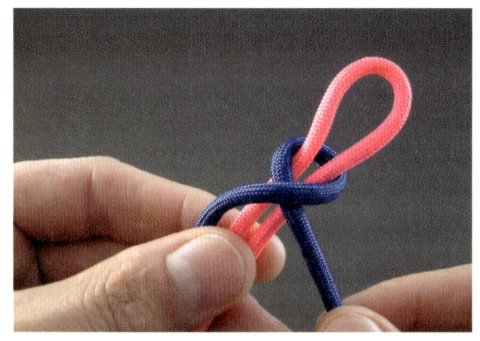

03 青コードの両端を手前にまわし、右を上にして2本を交差させる。

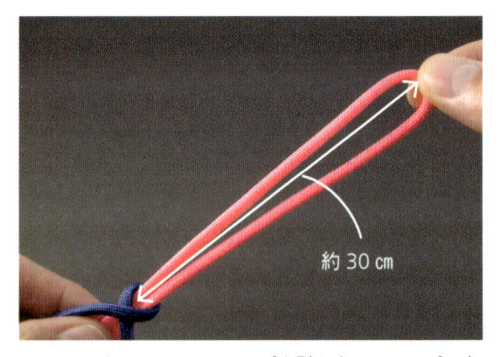

04 ピンクコードのループを引き出し、ループの高さを30cmくらいにする。

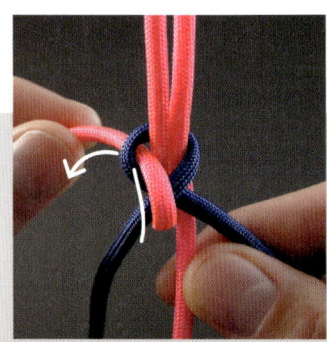

05 左のピンクコードの端を写真のように青コードのループに通し、下におろす。

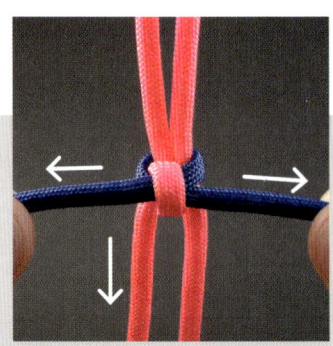

06 青コードと左のピンクコードをしっかり引きしめる(ループは高さ30cmを保つ)。

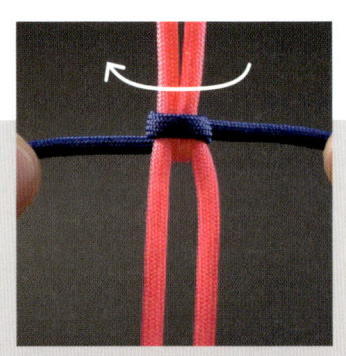

07 水平に裏返し、持ち替える。

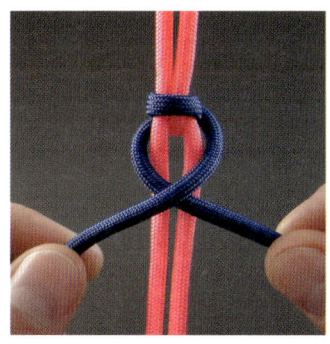

Chapter 04　　Sine Wave Sinnets　　Desert Flower Medallion　　81

08 青コードの両端を手前にまわし、右を上にして2本を交差させる。

09 左のピンクコードの端を持ち上げ、写真のように青コードのループに通す。

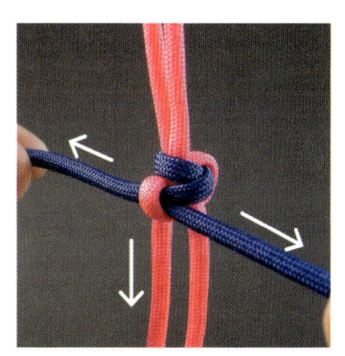

10 ループに通したピンクコードを下におろし、紺コードとともにしっかり引きしめる。

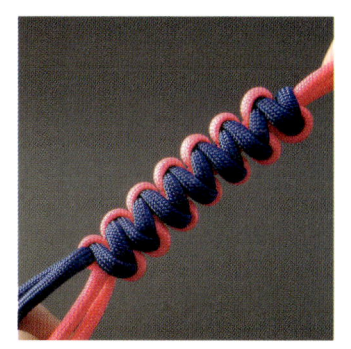

11 07〜10をさらに8回、あるいは左右に14枚の"花びら"ができるまでくり返す。

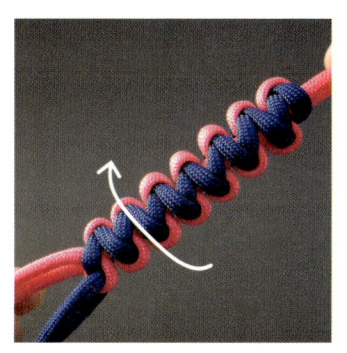

12 向こう側の面が手前にくるよう裏返し、持ち替える。

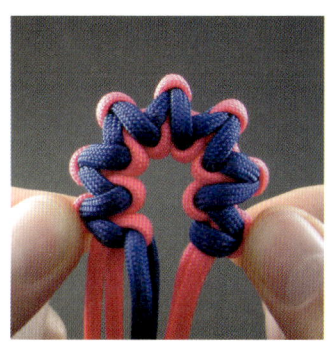

13 全体をアーチ状に曲げて左右の端をくっつける。

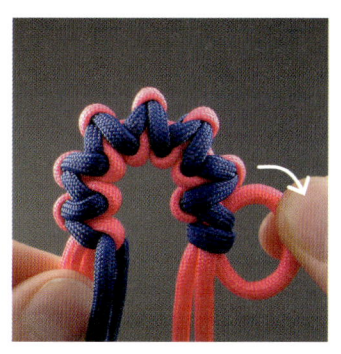

14 右下のピンクコードのループを図のように引き出して……

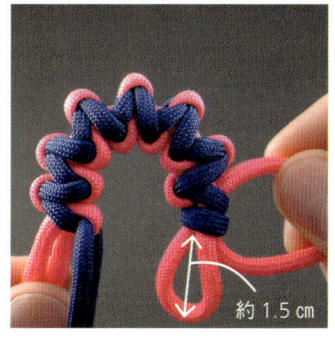

15 下に残るループの高さを約1.5cmにする。

16 14で引いた位置の左隣の山のピンクコードを引き、ループのたるみを移動させる。

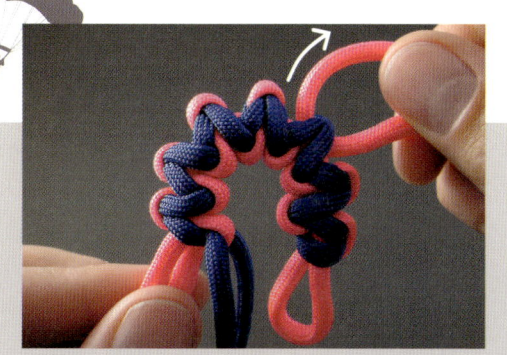

17 以下同様にして、ピンクコードのループのたるみを順ぐりに左へ移動させ……

18 中央の山のところまで移す（これが長さ60cmのネックレス部分になる）。

19 全体を反時計まわりに90度回転させる。

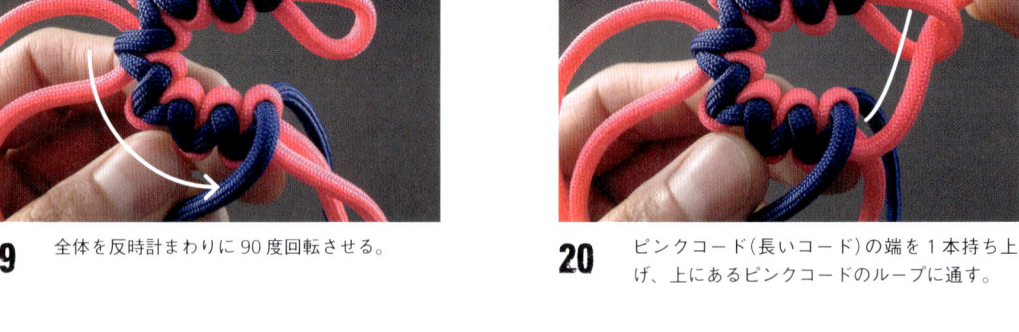

20 ピンクコード（長いコード）の端を1本持ち上げ、上にあるピンクコードのループに通す。

21 ループの隣の山のピンクコードを図のように引き出して、ループのたるみを引きしめる。

22 ループに通したピンクコードを引いて、結びの左右をしっかりとくっつける。

23 16〜18と同様にしてピンクコードのたるみを中央へ送る。

24 下に残った4本のコードで4本組みダイアモンドノット（→P.57）を結ぶ。

25 コードの端を2〜3cm残して切りそろえ、焼き止めする。

26 デザートフラワーメダルのネックレスのできあがり。

Chapter 05

Den of Snakes

つゆ結びのバリエーション

その外見から「蛇結び」「スネークノット」など、ヘビをイメージした名で呼ばれることの多い「つゆ結び」。本物のヘビの多彩な模様に負けないくらい多彩なデザインを紹介しよう。

84

15 How to knot » page 92
How to make » page 154

つゆ結び入りロングステッチ
エンドレスフォールのブレスレット

男のがっちりした腕には、こんなワイルドな
ブレスレットがよく似合う。

14 How to knot » page 96
How to make » page 153

ティキバーのブレスレット

エスニックファッションとの相性もよさそうな
トロピカルな神をモチーフにしたデザイン。

16 How to knot ≫ page 90
How to make ≫ page 156
ツインつゆ結びのカメラストラップ

ヘビのようにしなやかで扁平なベルトが
首にすんなりフィットしてカメラをホールド。

Snake Knot
つゆ結び

つゆ結び(スネークノット)は中国結びでは「蛇結び」と呼ばれる伝統的なテクニックで、結んだ人やそれをもらった人に幸運をもたらすとされている。また、ヒンドゥー教徒や仏教徒たちが数珠の端の飾り結に使っているのも見かける。彼らはつゆ結びに霊力があると信じているのだ。

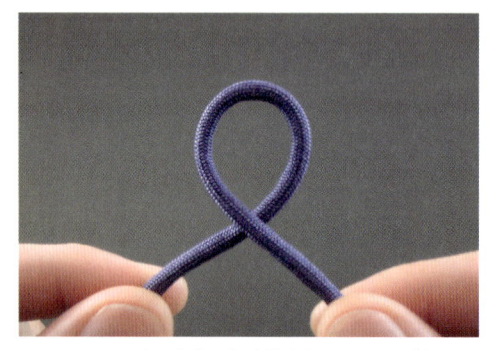

01 コードの中央で反時計まわりのループをつくる。

02 右のコードを二つ折りにしてループに向こう側から通し……

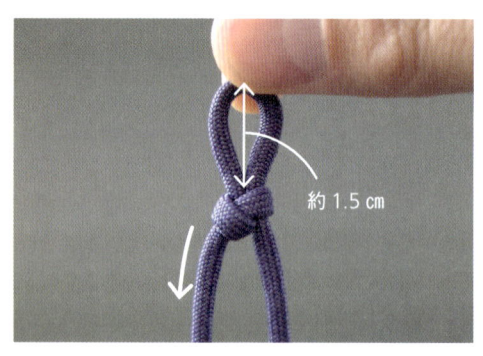

03 ループの高さが約1.5cmになるようにコードを引いて結び目を引きしめる。

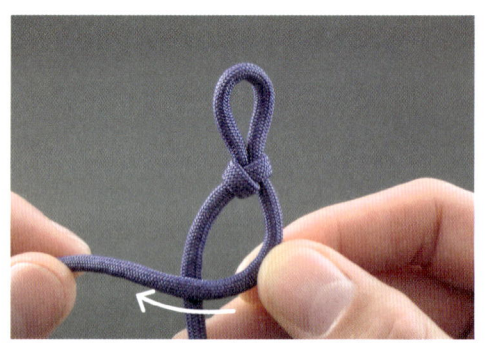

04 右のコードを曲げ、左のコードの手前に置く。

05 曲げたコードをそのまま向こう側へまわして元の位置に戻し、反時計まわりのループをつくる。

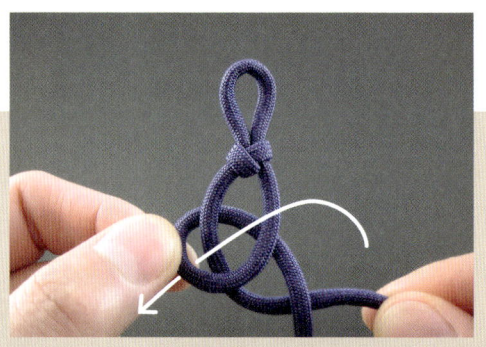

06 左のコードを右のコードの向こう側から右へ移し、矢印のようにループに通して元の位置に戻す。

Chapter 05　Den of Snakes　Snake Knot　87

用尺（約19㎝のブレスレット）➡210㎝を1本
テクニック➡つゆ結び、2本組みダイアモンドノット
Tips➡「つゆ結び」はマクラメの名称。同じ技法が結びのジャンルを問わず存在する、普遍的なテクニックだ。

07 ループに通すと、左のコードでも反時計まわりのループができる。

08 左右のコードをそれぞれ引いて、結び目をしっかり引きしめる。

09 コードの残りが約13㎝になるまで04～08をくり返す。

10 2本組みダイアモンドノット（→P.17）を結ぶ。

11 コードの端を慎重にギリギリでカットし、焼き止めする。

12 つゆ結びのブレスレットのできあがり。

Mystic Snake Knot
色分けつゆ結び（芯入り）

この結びは、2色のコードを使い、どちらかを芯にしてもう一方でつゆ結びを結ぶというしくみ。そのため配色を自在にアレンジできるのが特徴だ。2色を規則的に並べたり、ランダムに並べたり、まるでビーズ細工のようにデザインすることができる。

用尺（約9cmのキーホルダー）→ 240cm〈オレンジ〉、180cm〈ベージュ〉を各1本
テクニック → つゆ結び、2本組みダイアモンドノット
Tips → 上記用尺はオレンジ10：ベージュ3の割合。

01 短いほうのコード（ベージュ）の中央で反時計まわりのループをつくる。

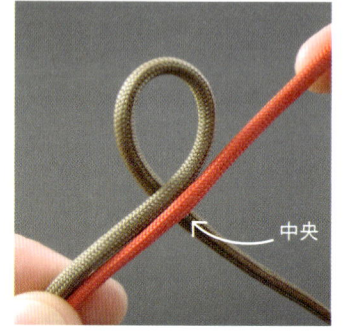

02 長いほうのコード（オレンジ）を写真のように中央を合わせベージュコードに沿わせる。

03 ベージュコードの右側を二つ折りし、オレンジコードの手前からループに通す。

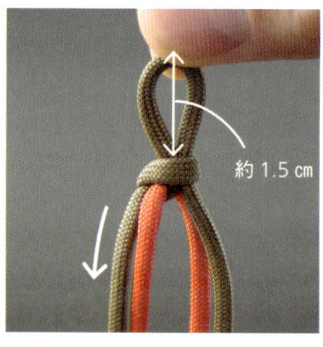

04 ループの高さが約1.5cmになるようにベージュコードを引き、結び目を引きしめる。

05 2本のオレンジコードをベージュコードの向こう側に置く。

06 右のオレンジコードの端を持ち上げ、手前に出して左へ移す。

07 そのまま向こう側へまわして元の位置に戻し、反時計まわりのループをつくる。

08 左のオレンジコードの端を持ち上げ、向こう側から右へ移す。

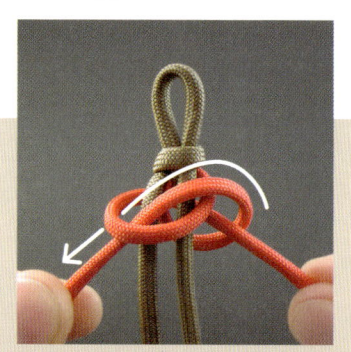

09 矢印のようにループに通して元の位置に戻し、反時計まわりのループをつくる。

Chapter 05　　Den of Snakes　　Mystic Snake Knot　　89

10 左右のコードをそれぞれ引いて、結び目をしっかり引きしめる。

11 さらに4回、06～10をくり返す。

12 ここから色（芯）を入れ替えて結ぶ。まずベージュコード2本を向こう側で持ち上げる。

13 ベージュコード2本で06～10を2回くり返す。

14 オレンジに戻す。オレンジコード2本を向こう側で持ち上げる。

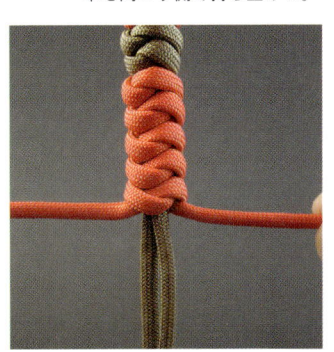

15 06～10を5回くり返す。

16 一番短いコードが約13cmになるまで12～15をくり返す。

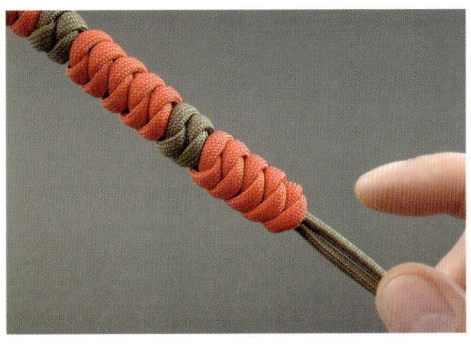

17 最後の結び目をしっかり引きしめたら、オレンジコード2本の端をギリギリでカットし、焼き止めする。

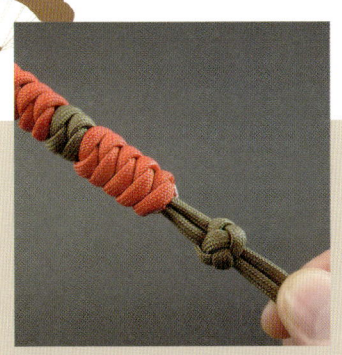

18 ベージュコード2本で2本組みダイアモンドノット（→P.17）を結ぶ。

19 ベージュコードの端もギリギリでカットし、焼き止めする。

20 色分けつゆ結びのブレスレットのできあがり。

Mated Snake Knot
ツインつゆ結び

ツインつゆ結びは、名前の通り2本のつゆ結びを合体させたもの。このテクニックを使うと、3連にも4連にも、あるいはそれ以上にだってすることができる。見たこともないワイドなブレスレットやベルトだってつくれてしまうのだ。

用尺(約19cmのブレスレット)→240cmを2本
テクニック→つゆ結び、2本組みダイアモンドノット
Tips→2本のつゆ結びを中央でからめながら交互に結んでいく。

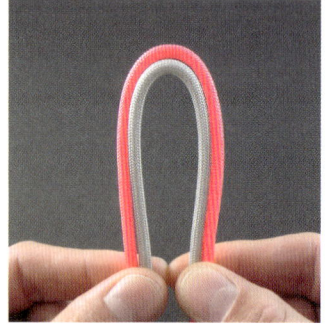

01 2本のコードをそろえて持ち、中央で二つ折りにする。

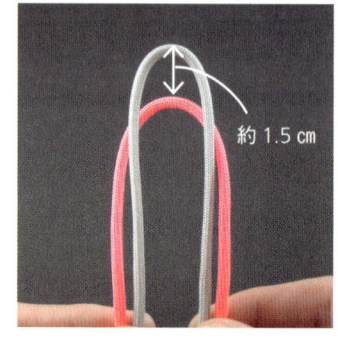

02 ピンクコードを後ろに置き、白コードより約1.5cm下げる。

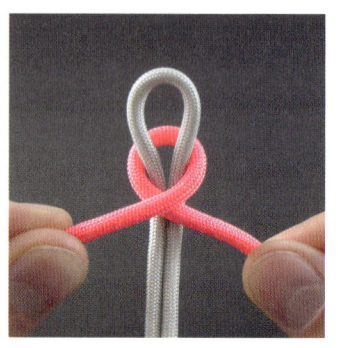

03 ピンクコードの両端を手前にまわし、右を上にして2本を交差させる。

04 白コード2本をピンクコードのループに通し、既存の白コード2本の間へ入れ下へ出す。

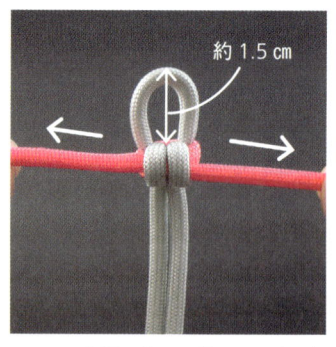

05 最初の白コードのループの高さを保って4本のコードをそれぞれ引きしめる。

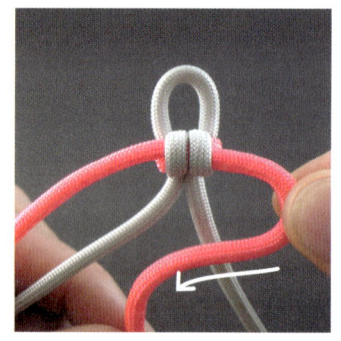

06 右のピンクコードを曲げ、左隣の白コードの手前に置く。

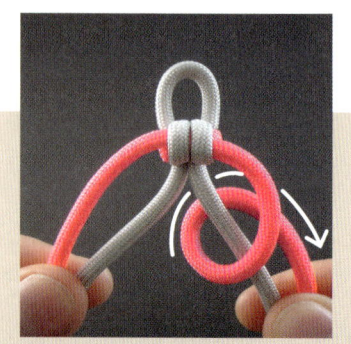

07 そのまま白コードの向こう側へまわして元の位置に戻し、反時計まわりのループをつくる。

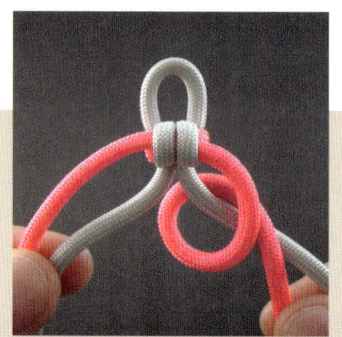

08 ピンクコードを巻きつけた白コードを右端へ移し……

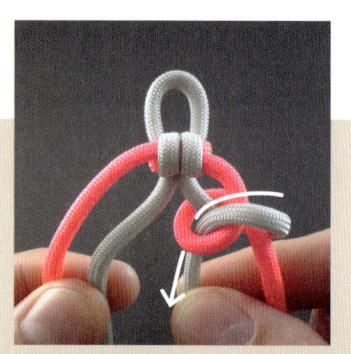

09 矢印のようにピンクコードのループに通し、反時計まわりのループをつくる。

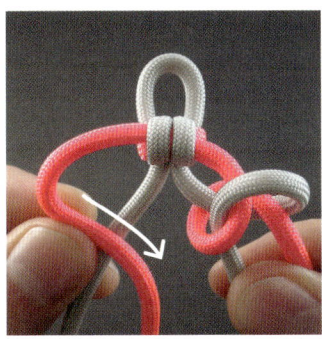

| Chapter 04 | Den of Snakes | Mated Snake Knot | 91

10 左のピンクコードを曲げ、右隣の白コードの手前に置く。

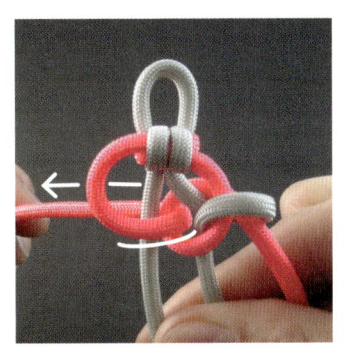

11 そのまま右のピンクコードでつくったループに通しながら向こう側へまわし……

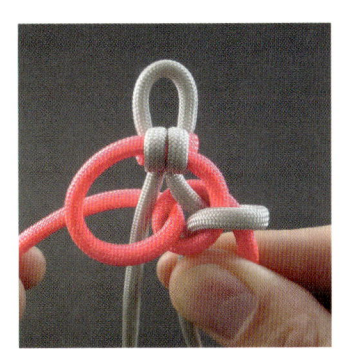

12 元の位置に戻して時計まわりのループをつくる。

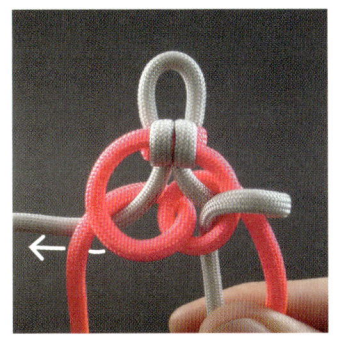

13 左の白コードを向こう側から左へ移し……

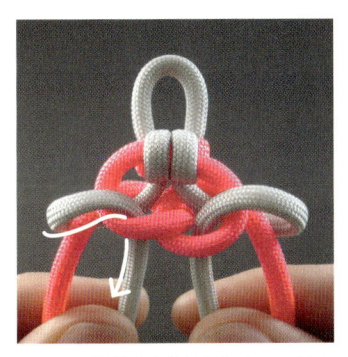

14 矢印のようにピンクコードのループに通し、時計まわりのループをつくる。

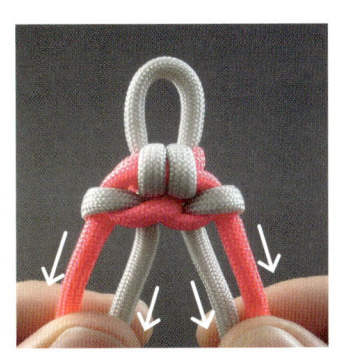

15 結び目がしっかりしまるまで、4本のコードを引きしめる。

16 一番短いコードの残りが約13cmになるまで06〜15をくり返す。

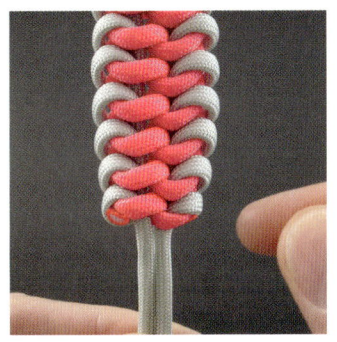

17 最後の結び目をしっかり引きしめ、ピンクコード2本の端をカットし、焼き止めする。

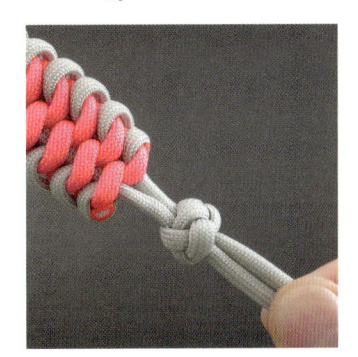

18 残った2本の白コードで2本組みダイアモンドノット（→P.17）を結ぶ。

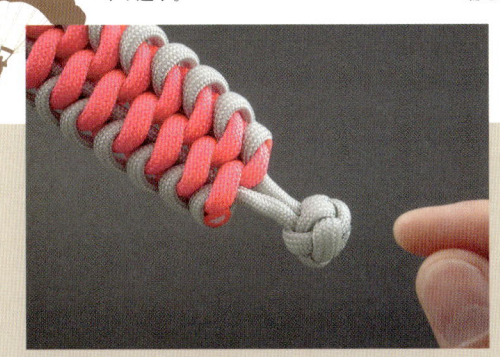

19 白コードの端もギリギリでカットし、焼き止めする。

20 ツインつゆ結びのブレスレットのできあがり。

Snakes Climbing Chained Endless Falls

つゆ結び入りロングステッチエンドレスフォール

つゆ結びとエンドレスフォールは私が知るかぎり最もなじみのいい組み合わせだ。そのことを示すベストな例がこの結び。ほかに類がないほど丈夫で斬新なデザインのブレスレットやストラップができあがる。「ロングステッチエンドレスフォール」は『パーフェクトブック』で紹介した結びだ。

用尺（約19cmのブレスレット） ➡ 240cmを3本
テクニック ➡ つゆ結び、ロングステッチエンドレスフォール
Tips ➡ エンドレスフォールは写真中央部分のデザイン。

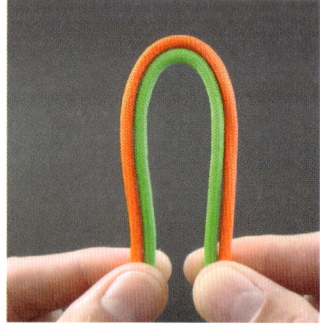

01 仕上がり時の内側の色〈緑〉と2番めの色〈オレンジ〉を束ね中央で二つ折りにする。

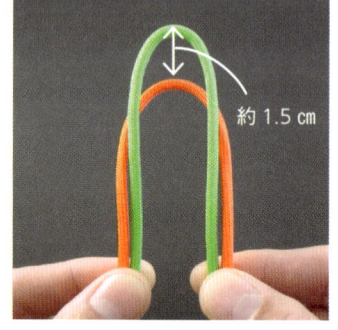

02 オレンジコードを後ろに置き、緑コードより約1.5cm下げる。

03 オレンジコードの両端を手前にまわし、右を上にして2本を交差させる。

04 緑コード2本をオレンジコードのループに通し、既存の緑コード2本の間へ入れ下へ出す。

05 緑コードのループの高さを約1.5cmに保ってオレンジコードを少しゆるめる。

06 ゆるめたループに写真のように一番外側になる色のコード（黄）を通し中央を合わせる。

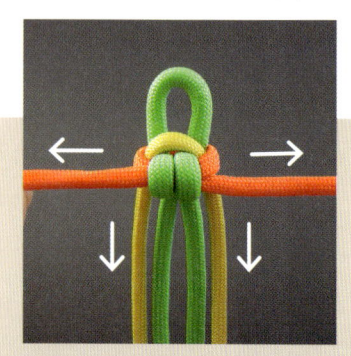

07 すべてのコードを引いて黄コードをしっかり固定する。

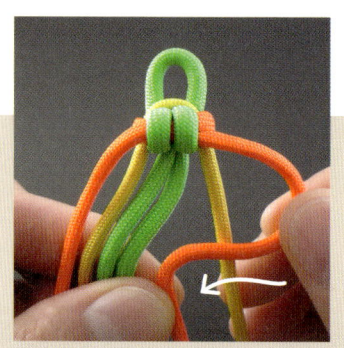

08 右端のオレンジコードを曲げ、左隣の黄コードの手前に置く。

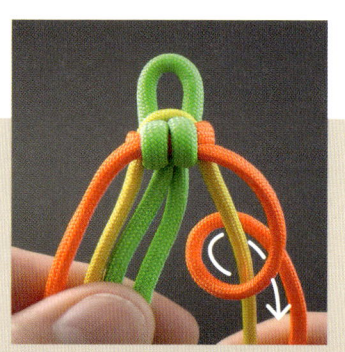

09 そのまま黄コードの向こう側へまわし、元の位置に戻して反時計まわりのループをつくる。

Chapter 05　　Den of Snakes　　Snakes Climbing Chained Endless Falls　　93

10　オレンジコードを巻いた黄コードをオレンジコードの向こう側で右端へ移す。

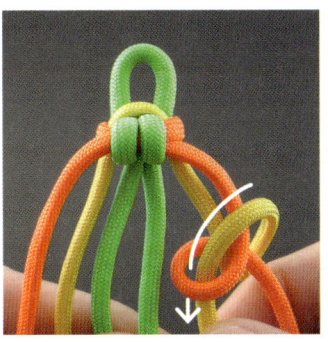

11　黄コードを矢印のようにオレンジコードのループに通し、反時計まわりのループをつくる。

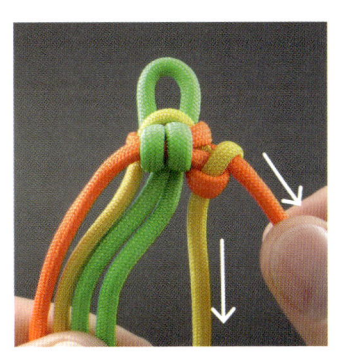

12　結び目がしっかりしまるまでオレンジと黄のコードを引きしめる。

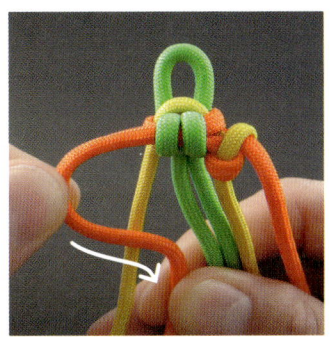

13　左端のオレンジコードを曲げ、右隣の黄コードの手前に置く。

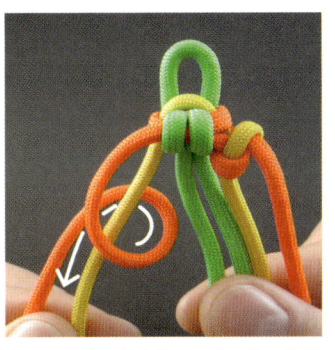

14　そのまま黄コードの向こう側へまわし、元の位置に戻し時計まわりのループをつくる。

15　オレンジコードを巻いた黄コードをオレンジコードの向こう側で左端へ移す。

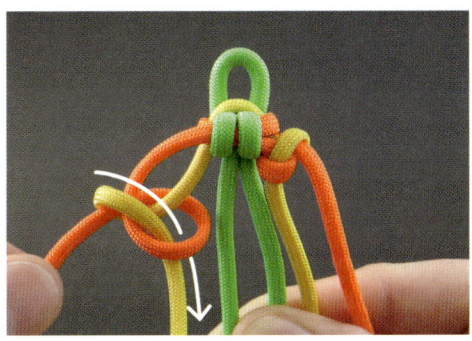

16　黄コードを手前に出し、矢印のようにオレンジコードのループに通して元の位置に戻し、時計まわりのループをつくる。

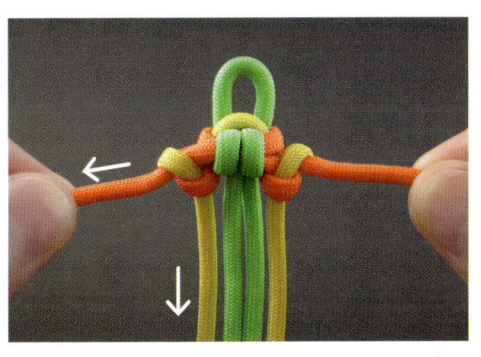

17　結び目がしっかりしまるまでオレンジと黄のコードを引きしめる。

18　黄コード2本を内側の緑コード2本の手前で右を上にして交差させる。

19　緑コードの端を持ち上げ、黄コードの交点に巻くようにして（既存の緑コード2本をはさむように通す）下へ出す。

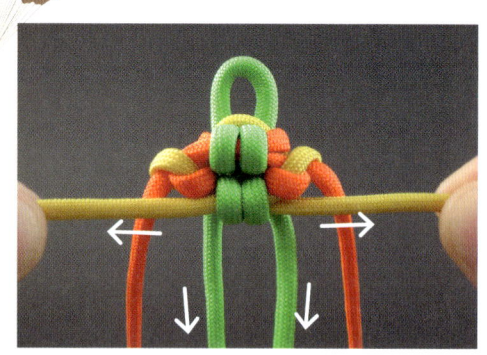

20 黄コードと緑コードをしっかり引きしめる。

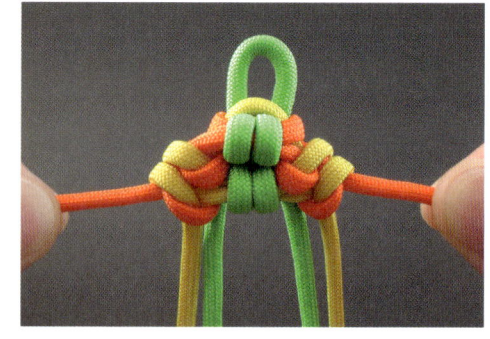

21 08〜17をくり返す。

22 黄コード2本を内側の緑コード2本の手前で右を上にして交差させる。

23 緑コードの端を持ち上げ、黄コードの交点に巻くようにして(既存の緑コード2本の間に通す)下へ出す。

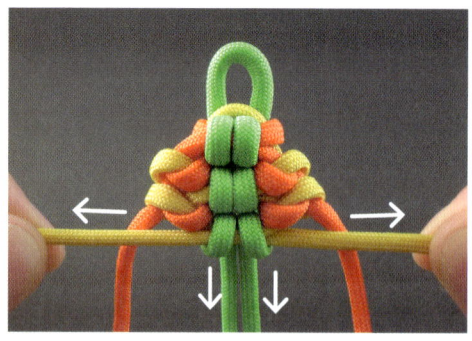

24 黄コードと緑コードをしっかり引きしめる。

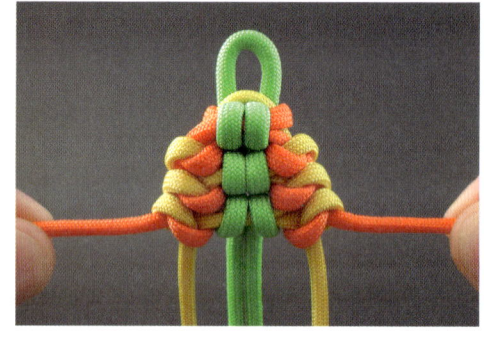

25 08〜17をくり返す。

26 一番短いコードの残りが約13cmになるまで18〜25をくり返す。

27 右から2番めの黄コードを曲げ、手前から左へ移す。

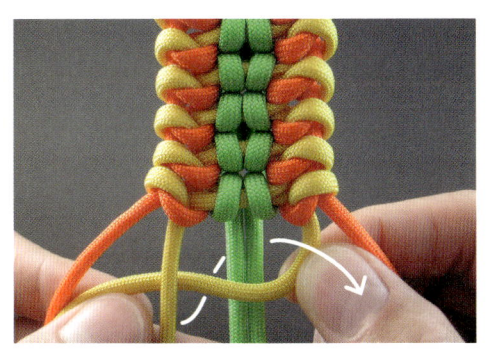

Chapter 05　　Den of Snakes　　Snakes Climbing Chained Endless Falls　95

28 左から2番めの黄コードを手前に出し、矢印のように右側のループに通す。

29 黄コード2本を引いて結び目をしっかり引きしめる。

30 左の黄コードを曲げ、手前から右へ移す。

31 右の黄コードを手前に出し、矢印のように向こう側から左側のループに通す。

32 黄コード2本を引いて結び目をしっかり引きしめる。

33 オレンジと黄のコードの端をギリギリでカットし、焼き止めする（中央の緑をカットしないように注意！）。

34 残った緑コード2本で2本組みダイアモンドノット（→P.17）を結ぶ。

35 緑コードの端もギリギリでカットし、焼き止めする。

36 つゆ結び入りロングステッチエンドレスフォールのブレスレットのできあがり。

Tiki Bar
ティキバー

ハワイなどのポリネシア文化圏で見られる、人を威嚇するようなしかめっ面をした神さま・ティキの木像やお面に似ているから「ティキバー」。この結び目を見ていると、トロピカルな文化や、その文化がもつ美意識を取り入れた飲食店（たとえば「バー」（笑））を思い出す。

用尺（約19cmのブレスレット）➡ 210cmを2本
テクニック ➡ つゆ結び、2本組みダイアモンドノット
Tips ➡「ツインつゆ結び」（→P.90）を少し変えるだけでデザインが一変。どこが違うのか結びくらべてみよう。

01 2本のコードをそろえて持ち、中央で二つ折りにする。

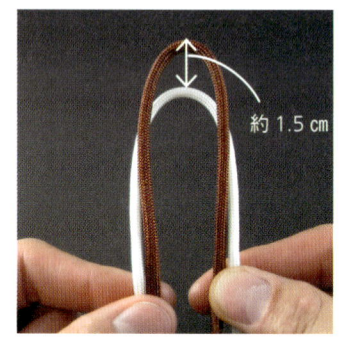

02 白コードを向こう側に置き、茶コードのトップから約1.5cm下げる。

03 白コードの両端を手前にまわし、右を上にして2本を交差させる。

04 茶コードを白コードの交点に巻くようにして既存の茶コード2本の間に通し、下へ出す。

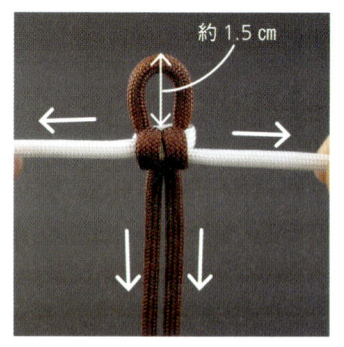

05 茶コードのトップのループの高さを約1.5cmに保ちながら4本のコードを引きしめる。

06 水平に裏返し、持ち替える。

07 右の茶コードを右に曲げ、右隣の白コードの手前に出す。

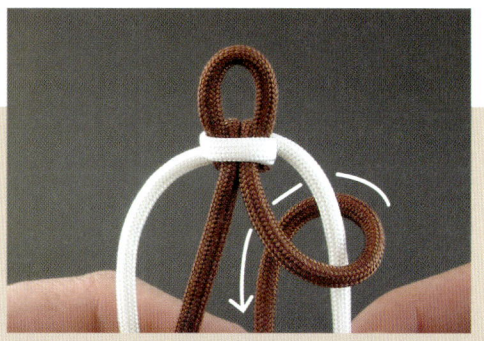

08 そのまま茶コードの向こう側へまわして元の位置に戻し、時計まわりのループをつくる。

Chapter 05　　Den of Snakes　　Tiki Bar　　97

09　茶コードを巻きつけた白コードを茶コードの向こう側で左に曲げる。

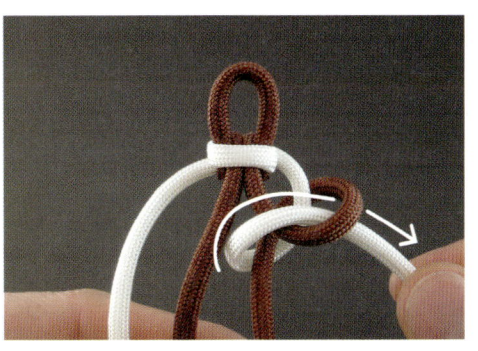

10　そのまま茶コードの手前に出し、矢印のように茶コードのループに通して元の位置に戻し、時計まわりのループをつくる。

11　結び目がしっかりしまるまで茶と白のコードを引きしめる。

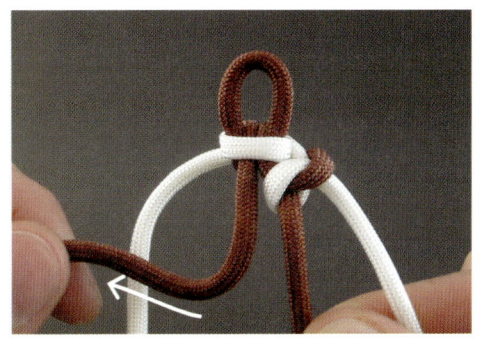

12　左の茶コードを左に曲げ、左隣の白コードの手前に出す。

13　そのまま白コードの向こう側へまわし、元の位置に戻して反時計まわりのループをつくる。

14　茶コードを巻いた白コードを茶コードの向こう側で右に曲げる。

15　そのまま茶コードの手前にまわし、矢印のように茶コードのループに通して元の位置に戻し、反時計まわりのループをつくる。

16　結び目がしっかりしまるまで茶と白のコードを引きしめる。

17 中央の茶コード2本を右を上にして交差させる。

18 右にきた茶コードを向こう側で右端に移動させる。

19 そのまま手前にまわして元の位置に戻し、反時計まわりのループをつくる。

20 茶コードを巻いた白コードを茶コードの手前で左に曲げる。

21 そのまま向こう側へまわし、矢印のように茶コードのループに通して時計まわりのループをつくる。

22 結び目がしっかりしまるまで茶と白のコードを引きしめる。

23 左の茶コードを向こう側で左端に移動させる。

24 そのまま手前にまわして元の位置に戻し、時計まわりのループをつくる。

Chapter 05　　Den of Snakes　　Tiki Bar　　99

25 茶コードを巻いた白コードを茶コードの手前で右に曲げる。

26 そのまま向こう側へまわし、矢印のように茶コードのループに通して元の位置に戻し、時計まわりのループをつくる。

27 結び目がしっかりしまるまで茶と白のコードを引きしめる。

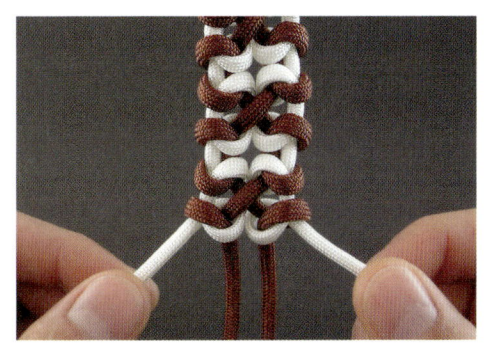

28 一番短いコードの残りが約25cmになるまで07〜27をくり返す。

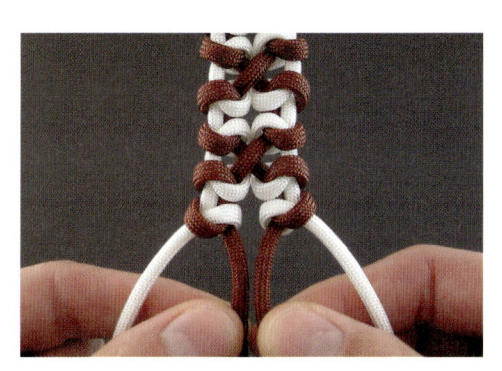

29 07〜16をくり返す。

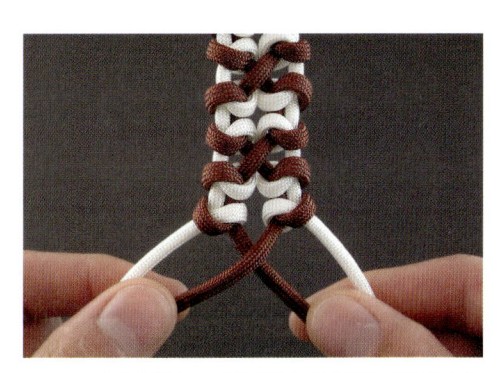

30 中央の茶コード2本を右を上にして交差させる。

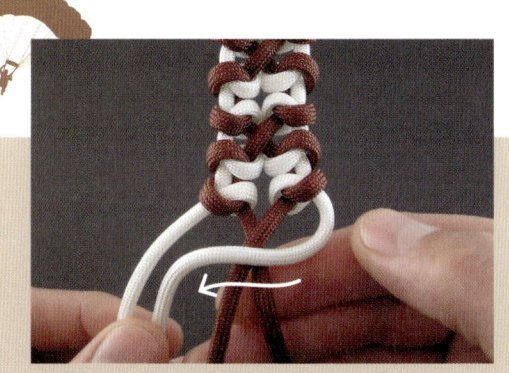

31 右端の白コードを曲げ、手前から左へ移す。

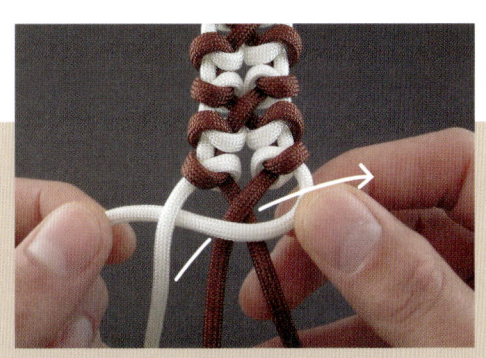

32 左端の白コードを手前に出し、矢印のように右側のループに通す。

33 白コード2本を引いて結び目をしっかり引きしめる。

34 左の白コードを曲げ、手前から右へ移す。

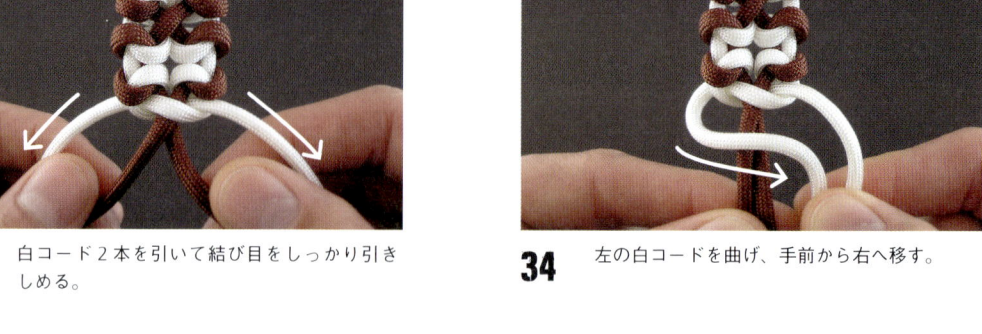

35 右の白コードを手前に出し、矢印のように向こう側から左側のループに通す。

36 白コード2本を引いて結び目をしっかり引きしめる。

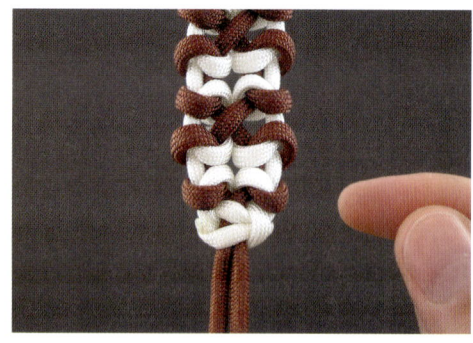

37 白コード2本の端をギリギリでカットし、焼き止めする。

38 残った茶コード2本で2本組みダイアモンドノット(→P.17)を結ぶ。

39 茶コード2本の端もギリギリでカットし、焼き止めする。

40 ティキバーのブレスレットのできあがり。

Chapter 06

Bushcraft & Tactical Ties

サバイブに役立つ結び

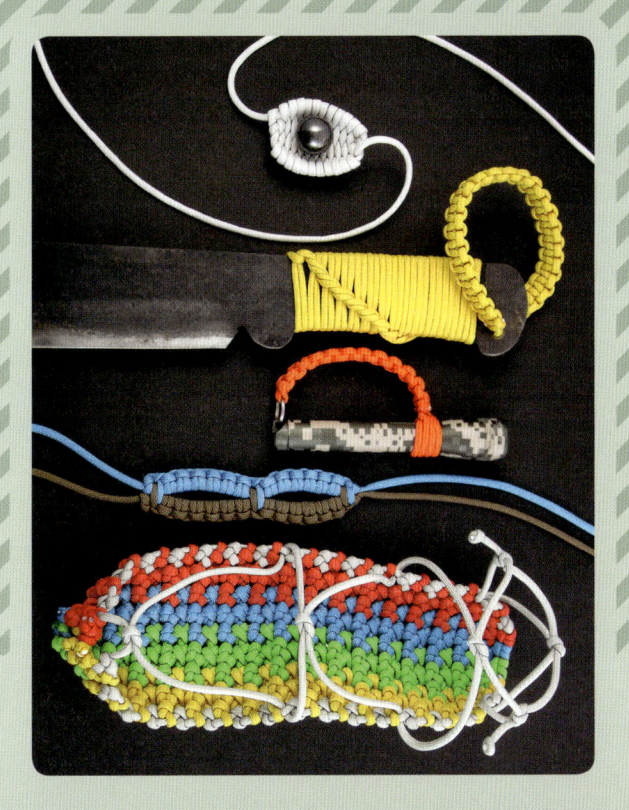

パラコードクラフトのファンには、その実用性に魅力を感じている人も多いはず。そこでこの章にはアウトドアで役立つ、画期的なパラコードクラフトのアイデアを集めてみた。

17
How to knot ≫ page 107
How to make ≫ page 157

フラッシュライトストラップ

本来は懐中電灯を持ちやすく、落ちにくくする
テクニックだけれど、身の回りの道具に
持ち手をつけたいときにも応用できる。
その例として、右は手回し充電器つきライト&
ラジオにとりつけてみたものだ。

18
How to knot ≫ page 110
How to make ≫ page 158

すべり止めグリップカバー

グリップカバーとストラップでツールのホールド感を格段にアップさせるテクニック。ここではピッケル(左)とステッキ(右)につけてみた。柄をにぎりしめて使用するタイプの工具類にもおすすめだ。

Single-Cord Rock Sling
シングルコードの投石器

シングルコードの投石器は、私のお気に入りの即席飛び道具のひとつ。一度結び方を覚えてしまえば、わずか数分でつくることができる。そして使い慣れた投石器があれば、それで身を守ったり獲物を捕らえたりするのもお手のものなのだ。

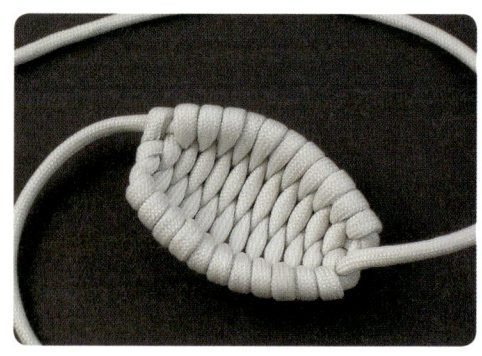

用尺（全長120cm程度の投石器）➡ 430cmを1本
テクニック ➡ ロープワークのバレルノット
Tips ➡ バレルノットはロープやコードの結束に使われるベーシックな結び。

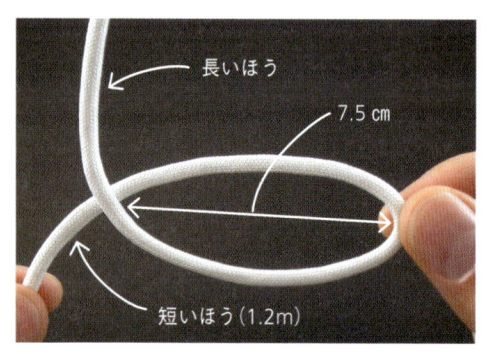

01 コードの左端から1.2mのところに長さ7.5cmくらいの時計まわりのループをつくる。

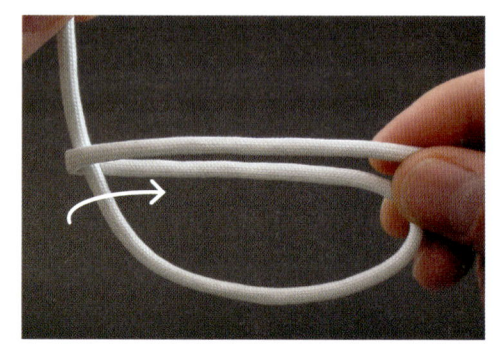

02 コードの左端を右に曲げ、ループの手前に移す。

03 移したコードを01のループと同じ長さで二つ折りにし、縦に伸びるコードの向こう側から左側に戻す。

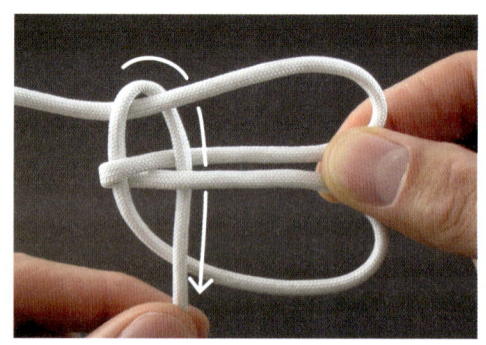

04 次に、縦に伸びるコードを下向きに折り、ふたつのループのコード4本の向こう側、手前、向こう側、手前と織るように通して下に出す。

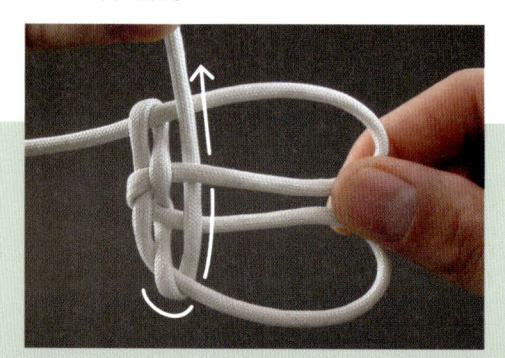

05 続けてコードを上向きに折り、ふたつのループのコード4本の向こう側、手前、向こう側、手前と織るように通して上に出す。

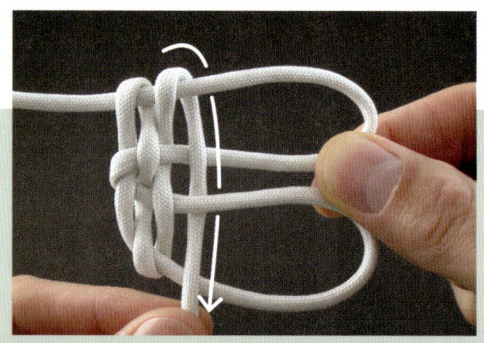

06 再びコードを下向きに折り、ふたつのループのコード4本の向こう側、手前、向こう側、手前と織るように通して下に出す。

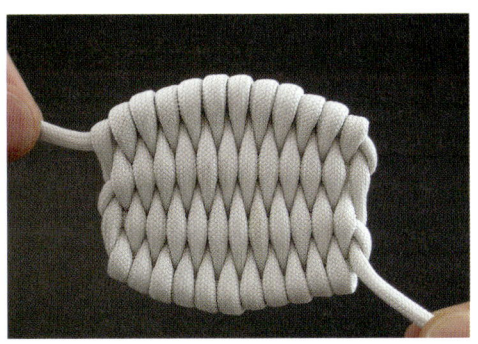

| Chapter 06 | Bushcraft & Tactical Ties | Single-Cord Rock Sling | 105 |

07 楕円形の面(石受け)ができあがるまで、05〜06をくり返す。

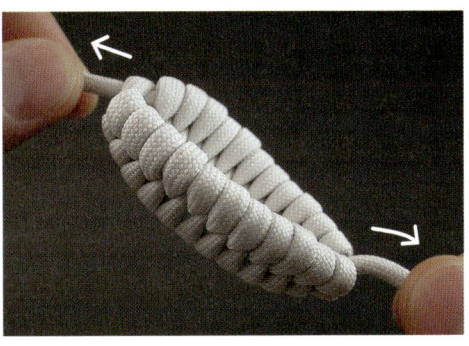

08 2本のコードを左右に引きながら石受けを成形し、くぼみをつくる。

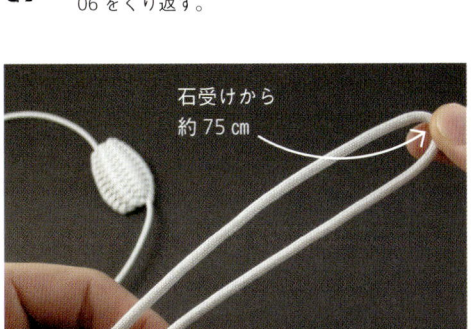

09 石受けから約75cmのところを二つ折りにする。

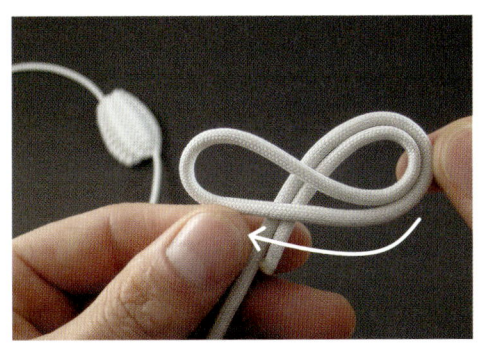

10 コードが二重になった部分で時計まわりのループをつくる。

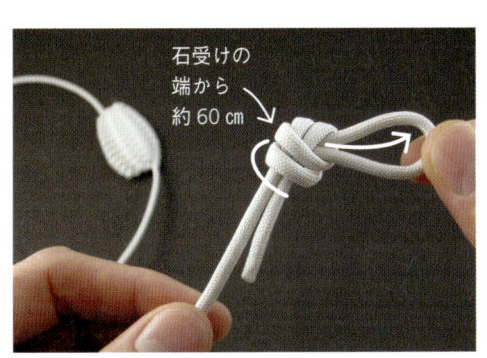

11 ループに二つ折りのトップを通して結び、しっかりしめる前に石受けの端から結び目までが約60cmになっていることを確かめる。

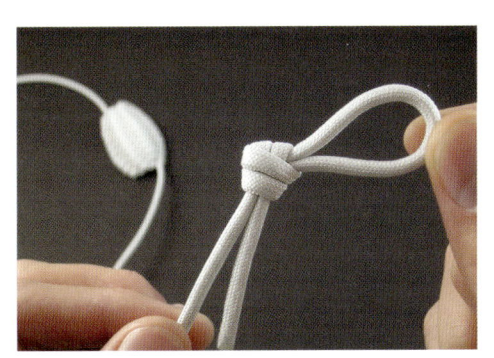

12 結び目をしっかり引きしめる。

13 上のループは利き手の薬指を入れて、ちょうどいい大きさに調整しよう。調整したらコードの端を短くカットし、焼き止めする。

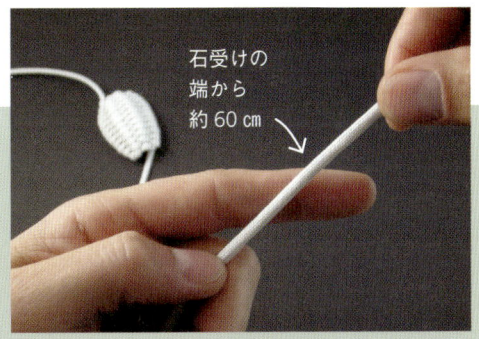

14 反対側のコードの端は、石受けから約60cmのところを写真のように人差し指にあてる。

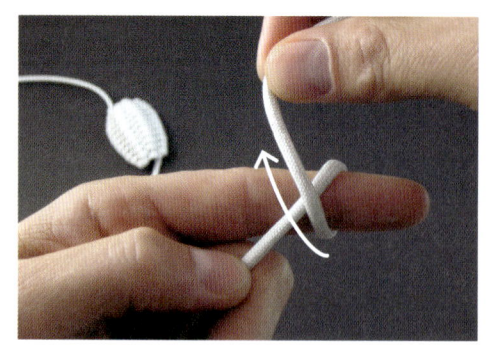

15 コードの端側を指とコードに巻きつけていく。まずひと巻き……

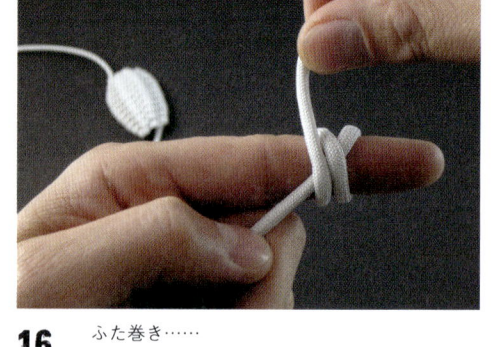

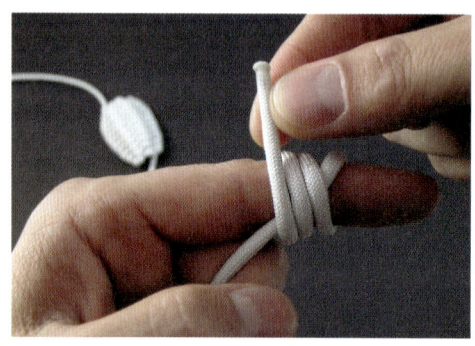

16 ふた巻き……

17 3巻き。

18 コイルのような形になった状態を保ちながら指からはずす。

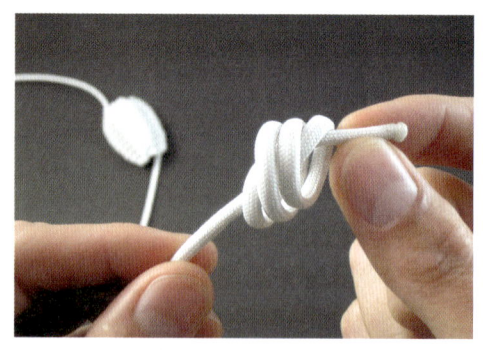

19 コードの端をコイルの内側に通す。

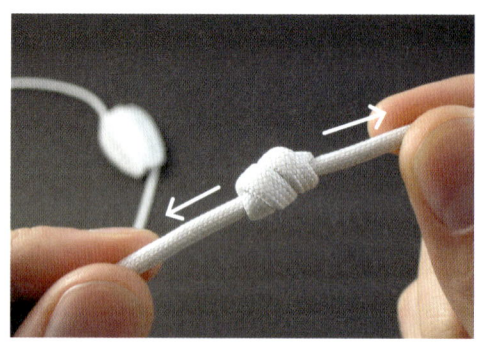

20 石受けから約60cmのところにバレルノットの結び目がしっかり結べるまで、コードの端を静かに引く。

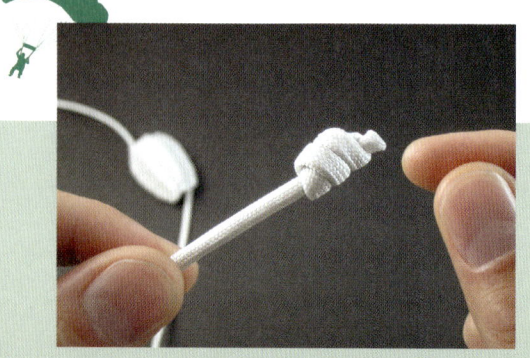

21 コードの端をギリギリでカットし、焼き止めする。

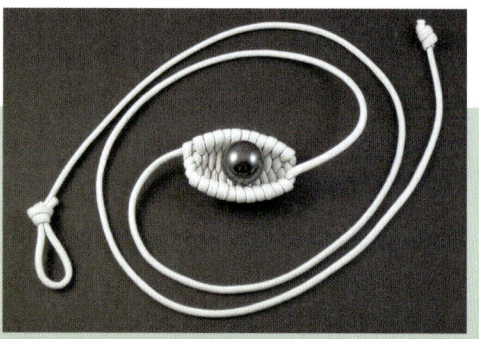

22 シングルコードの投石器のできあがり。使い方はYouTubeで"How to use a rock sling"(ロックスリングの使い方)と検索してみよう。

Chapter 06　Bushcraft & Tactical Ties　　Tactical Flashlight Strap　107

Tactical Flashlight Strap
フラッシュライトストラップ

このストラップは懐中電灯の本体と端の丸カンとの間につけるのだが、これがあるだけでいろいろな面で役に立つ。たとえば懐中電灯を持ちながら別のことにも手を使えるので、明かりで照らしながら別の作業をしたり、荷物を持って夜道を歩いたり。あるいは、すばやくパンチをくり出すことだってできる。

用尺（約 13 ㎝のストラップ）➡ 180 ㎝を 1 本
テクニック ➡ ストラングルノット、平結び
Tips ➡ ここでは長さ 13 ㎝ほどの丸カンつき小型懐中電灯を使用している。

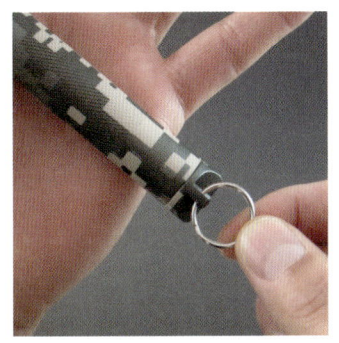

01 懐中電灯に丸カンがついていない場合は、最初に直径 2 ㎝の丸カンを通しておく。

02 懐中電灯のライト側の持ち手の端に、コードの中央を合わせてひっかける。

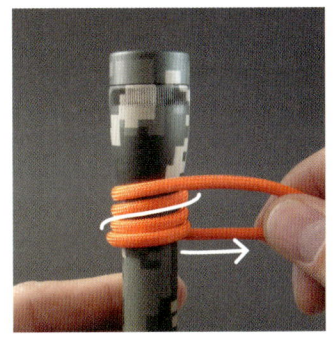

03 向こう側のコードを手前にまわし、懐中電灯に 3 巻きする。

04 下側のコードの端を持ち上げて……

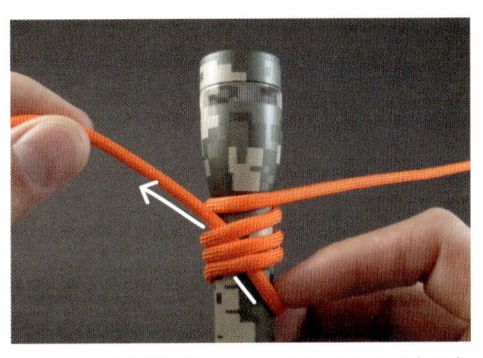

05 コイル状に巻いたコードの下を通して上に出す。

06 もう 1 本のコードの端を持ち……

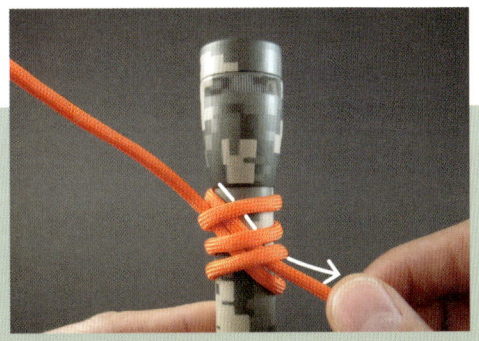

07 05 で通したコードに沿わせるようにして、コイル状に巻いたコードの下を通して下に出す。

08 結び目（この結び目をストラングルノットと呼ぶ）がしっかりしまるまで、上下のコードを引く。

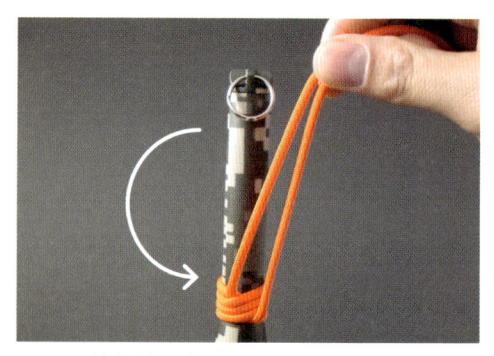

09 懐中電灯の上下をひっくり返す。2本のコードを引き上げて……

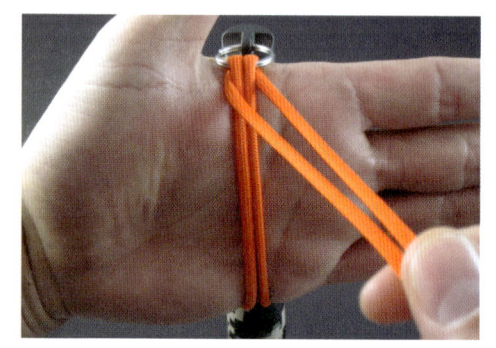

10 丸カンに通したら、懐中電灯とコードの間に手のひらを入れて写真のように持ち、持ちやすい長さにコードを調整する。

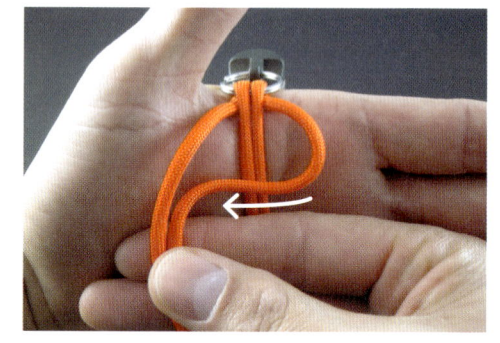

11 ［平結び］右のコードを手前から左へ移す。

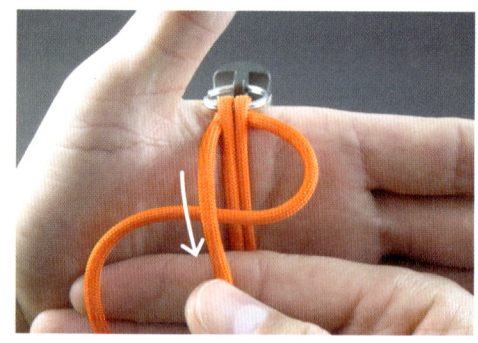

12 左のコードを手前に出し、下へ垂らす。

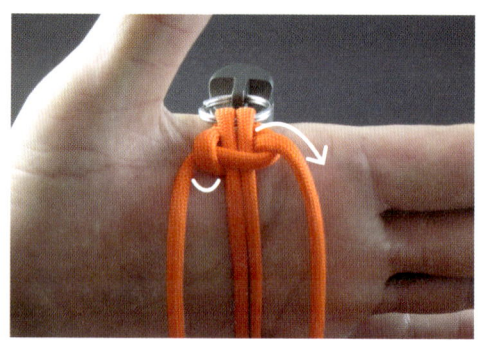

13 垂らしたコードの端を持ち上げて矢印のように右側のループに通し、左右のコードをしっかり引きしめる。ここまでで平結び0.5回。

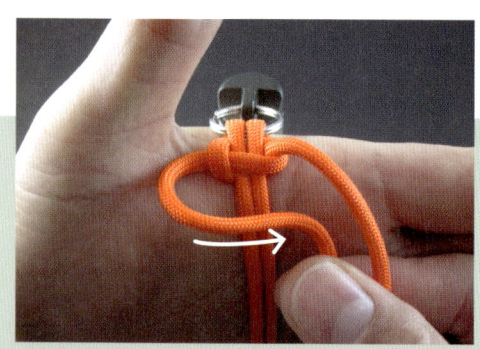

14 左のコードを手前から右へ移す。

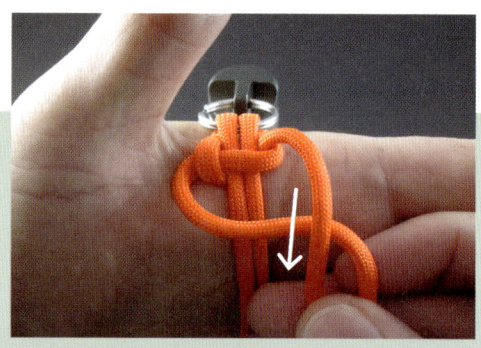

15 右のコードを手前に出し、下へ垂らす。

Chapter 06　　Bushcraft & Tactical Ties　　Tactical Flashlight Strap　　109

16 垂らしたコードの端を持ち上げて矢印のように左側のループに通し、左右のコードをしっかり引きしめる。ここまでで平結び1回。

17 ここまで結ぶとコードが固定されるので、入れていた手のひらをはずす。

18 最初に結んだストラングルノットに届くまで、11～16（平結び）をくり返す。

19 コードの端をギリギリでカットし、焼き止めする。

20 フラッシュライトストラップのできあがり。

21 こんなふうにストラップをかけると、懐中電灯を持ちながらもうひとつ荷物が持てる。

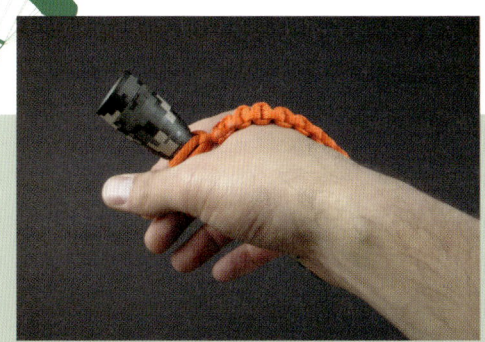

22 あるいは、手のひらをだらりとリラックスさせていても懐中電灯を落とすことなく道を照らすことができる。

23 そして、パンチをくり出すときは丈夫な懐中電灯が君のパンチの威力をアップさせてくれる。

No-Slip Machete Grip
すべり止めグリップカバー

このグリップカバーはツールの持ち手に巻いたコードから続けてストラップを結ぶので、ストラップに手を入れてツールを持てばしっかりホールドできるようになる。グリップとストラップというふたつの要素の効果で、ツールを使っている間も使いやすく、手からすべり落ちる心配もない。ここではアウトドア用のナタの柄に巻いている。

用尺（約 13 cmのグリップ＋約 25 cmのストラップ）→ 730 cmを 1 本
テクニック → フレンチホイッピング、平結び
Tips → 穴のないツールならすべり止めを巻くだけでも。

01 中央で二つ折りにしたコードをグリップカバーの端にする位置に添える。

02 下側のコードを持ち上げ、ツールの手前から二つ折りのループに通し、上に出す。

03 ループがしっかりしまるまでコードの端を引く。

04 ツールを反時計まわりに 45 度傾ける。

05 2 本のコードを束ねて持ち、時計まわりのループをつくる。

06 ループにツールの柄を通し……

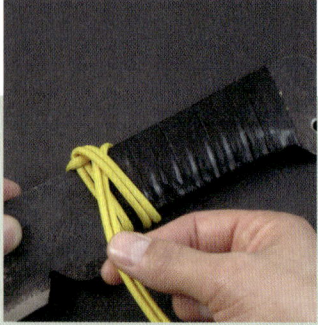

07 最初に巻いたコードのすぐ横まで下ろす。

08 ループがしっかりしまるまでコードの端を引く。

09 グリップカバーが柄の半分くらいになるまで 05 〜 08 をくり返す。

| Chapter 06 | Bushcraft & Tactical Ties | No-Slip Machete Grip | 111

10 ツールを裏返してさらに 05 〜 08 をくり返し、柄の端までグリップカバーで巻く（ここまでで「フレンチホイッピング」のできあがり）。

11 フレンチホイッピングをとめるときは、最後に巻いたコードを写真のように持ち上げて……

12 コードの端を通す。

13 さらにコードの端を右側にできたループに通し、しっかり引いて結び目を引きしめる。

14 次に、ストラップを結ぶ。まずコードの端を 2 本そろえて持ち……

15 コードの端をツールの穴に通す。

16 穴から約 25 cm の位置（★）を確認する。

★（穴から約 25 cm）

17 穴とグリップの間に渡ったコードに 2 本のコードの端を互い違いに通す。それぞれ★の位置が手前の 2 本のコードと重なるようにする。

18 平結びを結ぶ。まず右のコードを手前から左へ移す。

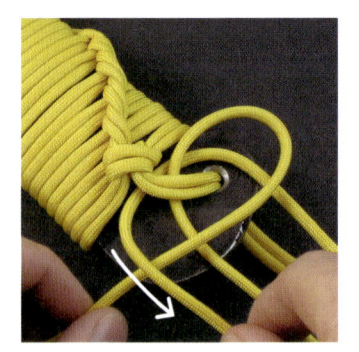

19 左のコードを手前に出し、下へ垂らす。

20 垂らしたコードの端を持ち上げて右側のループに通し、左右のコードを引きしめる。

21 左のコードを手前から右へ移す。

22 右のコードを手前に出し、下へ垂らす。

23 垂らしたコードの端を持ち上げて左側のループに通し、左右のコードを引きしめる。

24 反対側の端に届くまで、18〜23（平結び）をくり返す。

26 コードの端をギリギリでカットし、焼き止めする。

26 すべり止めグリップカバーのできあがり。

27 こうして持てば、使う準備は万端だ！

Emergency Snow Goggles
緊急時用雪メガネ

このメガネは、北極圏に暮らすイヌイットの人びとが使う伝統的な雪メガネを模してつくったものだ。雪原で過剰な紫外線から眼が受けるダメージを軽減してくれる雪メガネをパラコードでつくれば、いざというときにはほどいてロープに戻すこともできてさらに便利、というわけ。

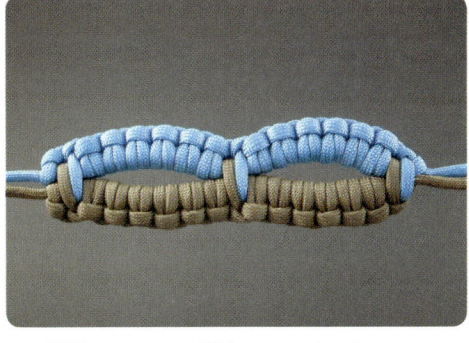

用尺（幅約 13 cmの雪メガネ）➡230 cmを 2 本
テクニック➡スリップノット、タッチング結び
Tips➡スリップノット（引き解け結び）はロープワークの結び目のひとつで、端を引けばほどけるのが特徴。

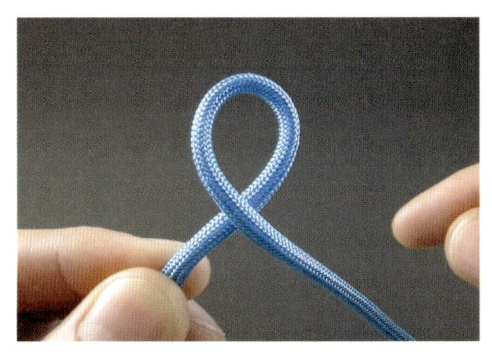

01 1 本めのコード（青）の右端から約 60 cmのところに反時計まわりのループをつくる（右側に短いほうのコードがくるように持つ）。

02 右のコードを二つ折りにしてループに通す。

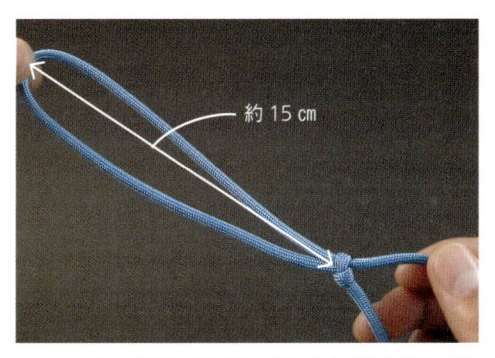

03 ループを長さ約 15 cmになるまで引き出して結び目を引きしめる。

04 2 本めのコード（カーキ）の左端から約 60 cmのところに時計まわりのループをつくる（左側に短いほうのコードがくるように持つ）。

05 左のコードを二つ折りにしてループに通す。

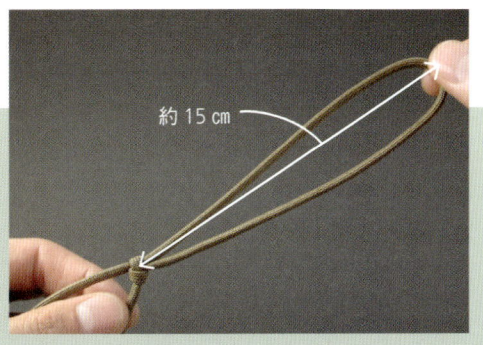

06 ループを長さ約 15 cmになるまで引き出して結び目を引きしめる。

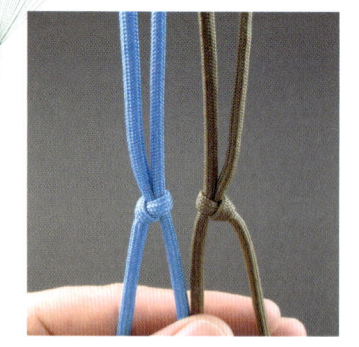

07 03と06を、ループを上にして短いほうのコードが隣り合うように並べて持つ。

08 右端のカーキコードの端を持ち上げ、手前から結び目の上のコード4本に巻きつける。

09 右側にできたループにカーキコードを通し、しっかりと引きしめる。

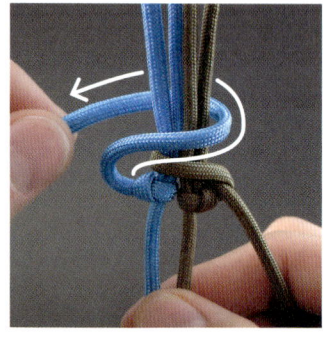

10 左端の青コードの端を持ち上げ、手前から結び目の上のコード4本に巻きつける。

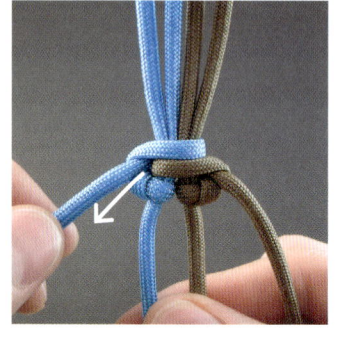

11 左側にできたループに青コードを通し、しっかりと引きしめる。

12 右端のカーキコードの端を持ち上げ、4本のコードの中央に手前から向こう側へと通す。

13 右側にできたループにカーキコードを通し、しっかり引きしめる。

14 もう一度右端のカーキコードの端を持ち上げ、4本のコードの中央に向こう側から手前へと通す。

15 右側にできたループにカーキコードを通し、しっかり引きしめる。(12〜15で1回とカウントする)

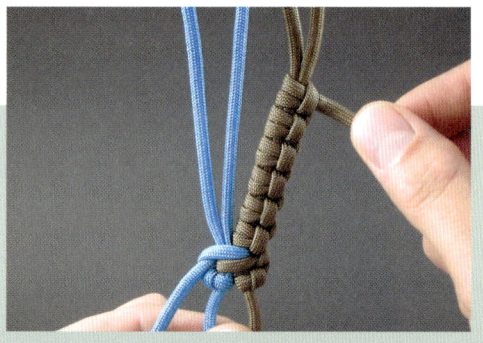

16 さらに5回、12〜15をくり返す。

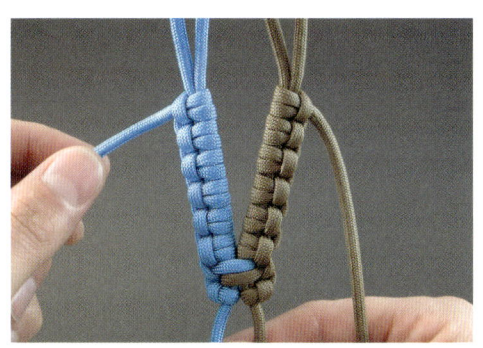

Chapter 06　　Bushcraft & Tactical Ties　　Emergency Snow Goggles　　115

17　左側の青コードは、12〜16を左右反転させて行う。

18　08〜11をくり返す。

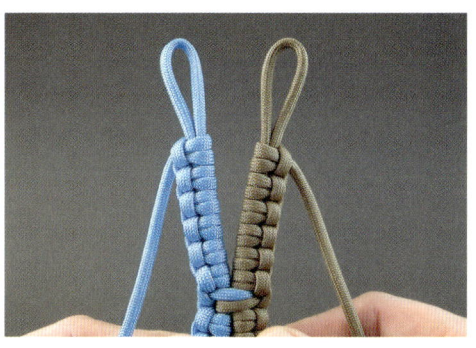

19　12〜17をくり返し……

20　08〜11をもう一度行う。

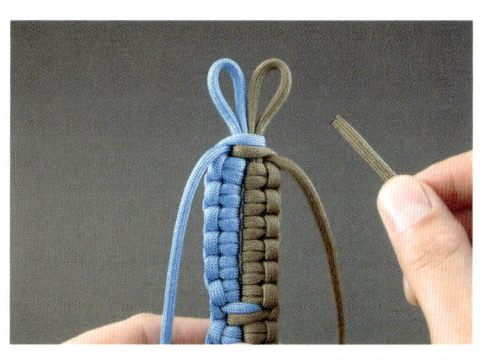

21　次に、右端のカーキコードの端を持ち上げて……

22　右のカーキコードのループに通す。

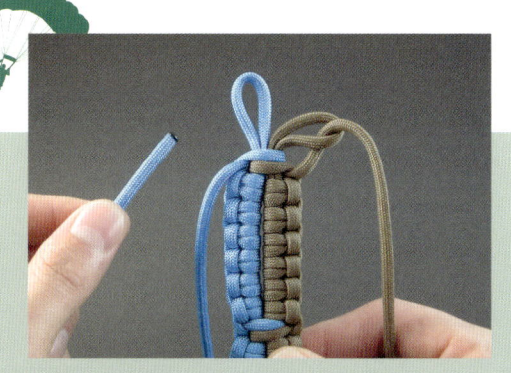

23　左端の青コードの端も持ち上げて……

24　左の青コードのループに通す。

25 全体をしっかりさせるために、スタート側に残したコード2本の端をしっかり持ち……

26 しっかり引く。これで結び終わり側のループが引きしめられて、メガネの形ができる。

27 ゴーグルの内側にすき間を少しあける。

28 緊急時用雪メガネのできあがり。

29 このメガネをすばやくコードに戻したいときは、結び終わり側のループに通したコードを抜き……

30 スタート側のコード2本を引く。

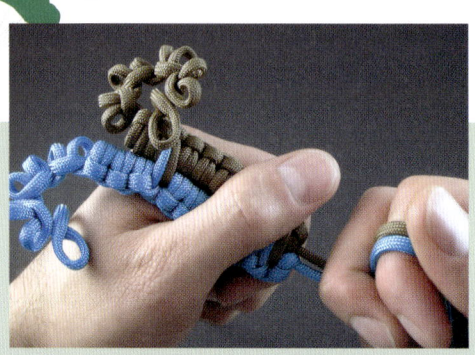

31 引き続けると、ゴーグルが自然にくずれて……

32 5秒とかからず結び目のないコード2本に！

Chapter 06　Bushcraft & Tactical Ties　Bush Sandals

Bush Sandals
ブッシュサンダル

ブッシュサンダルは緊急時に足を保護することができる、頼りになるアイテムだ。たとえば遊泳中、泥や溝に足をとられて靴がなくなってしまったときや、靴をつかむ間もなく逃げ出さなければならないときなど。このサンダルがあれば足の裏にケガをしたり、すべりやすいところでスリップしたりする危険を防ぐことができる。

用尺（長さ約 30.5 cm・幅約 11.5 cmのサンダル片足分）
➡ 610 cmを 5本
テクニック ➡ カウヒッチ（引っかけ結び）、ほどけないスリップノット、本結び

01 1本のコード（白）の中央に、残りのコード4本でカウヒッチ（二つ折りしたコードを芯に巻き、ループにコードの端を通す）を並べて結ぶ。

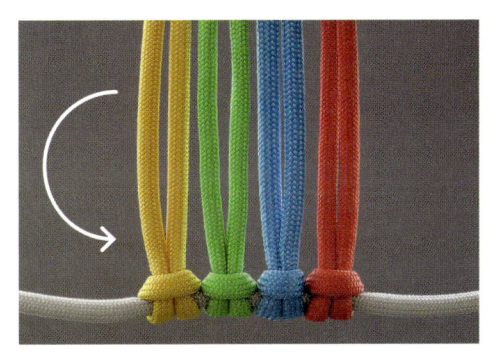

02 上下を逆に持ち替える。

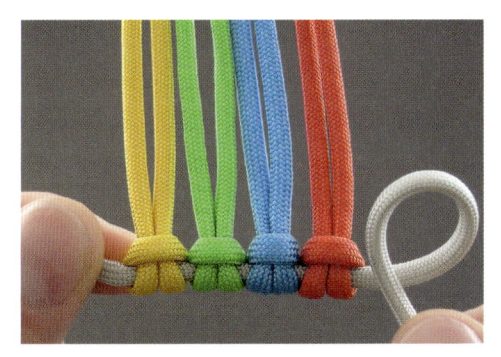

03 右の白コードで反時計まわりのループをつくる。

04 右の白コードを二つ折りしてループに通し、スリップノットをつくる。

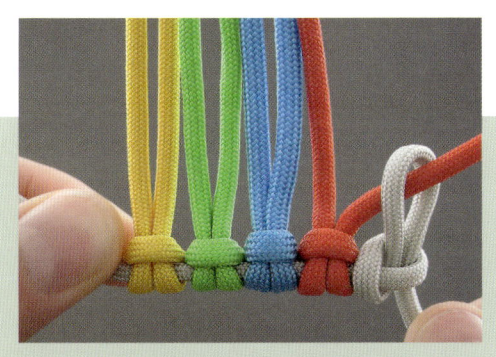

05 白コードのスリップノットのループに、カウヒッチの右端のコード（赤）を通す。

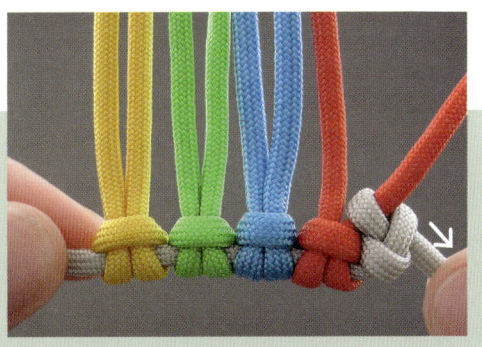

06 右の白コードを引いてスリップノットを引きしめる。

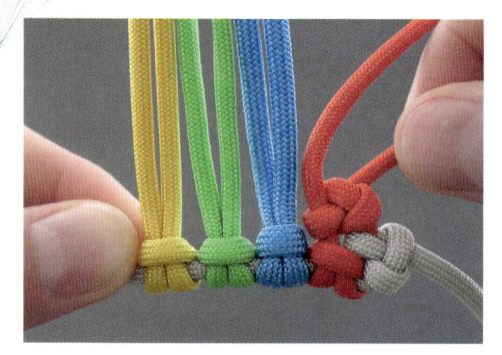

118

07 次は赤コード2本で03〜06をくり返す。

08 その次は左の赤コードと右の青コードで03〜06をくり返す。

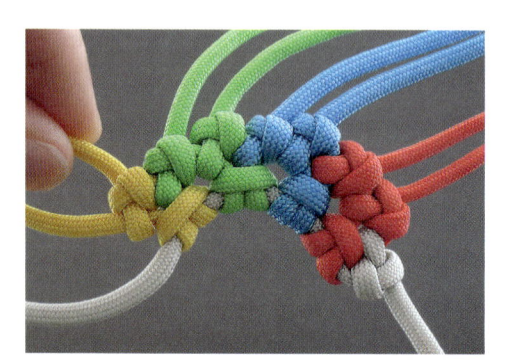

09 以下同様に03〜06をくり返し、左端の黄コードを右の黄コードのスリップノットに通したら……

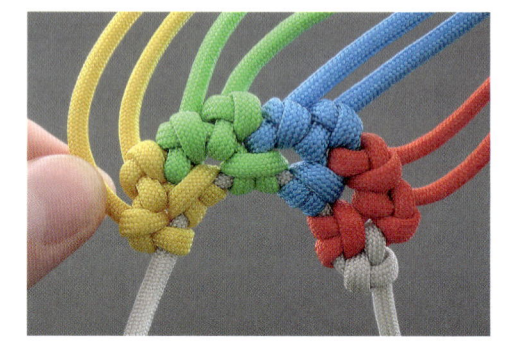

10 右の黄コードの端をしっかり引く。

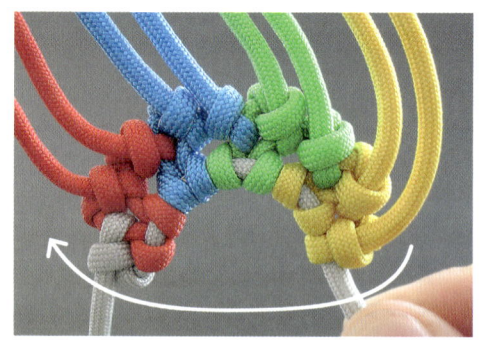

11 全体を左右反転させて裏返す。

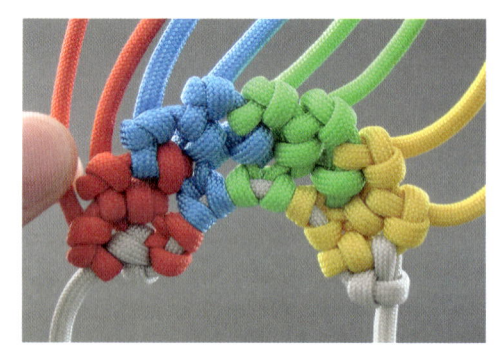

12 03〜10をくり返す。

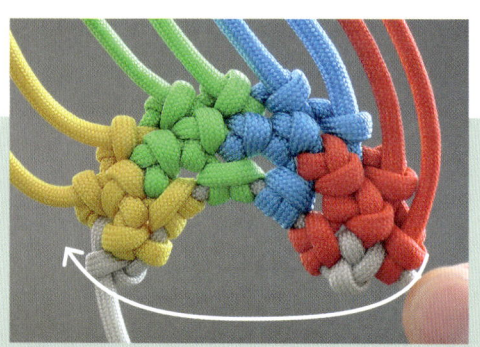

13 全体を左右反転させて裏返す。

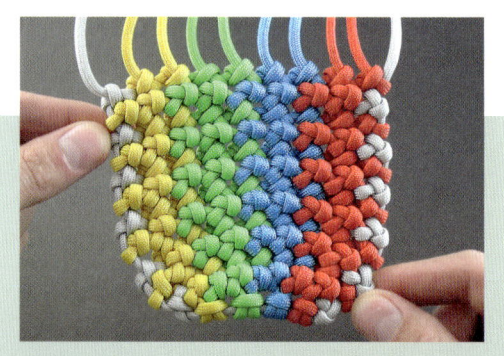

14 03〜13をくり返し……

Chapter 06　　Bushcraft & Tactical Ties　　Bush Sandals　　119

15　ソール部分がつくりたいサンダルのサイズプラス2.5cmになるまで続ける。

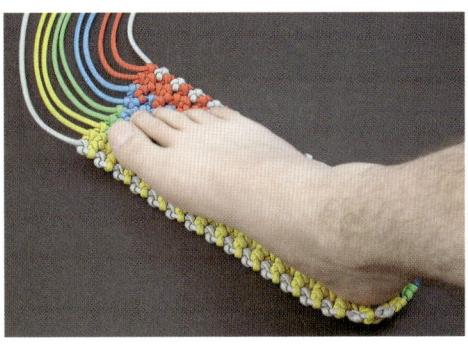

16　足の形に合わせてつま先を形づくるため、ソールに足を置く。

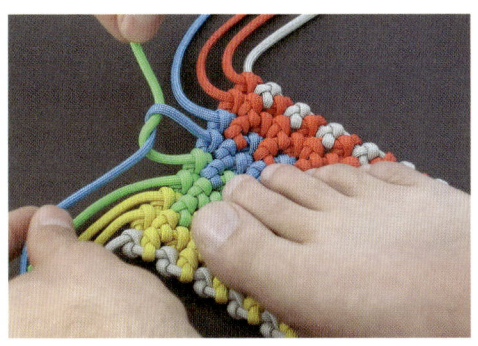

17　[本結びの結び方]中央のコード2本を持ち、右を上にして交差させて1回結ぶ。

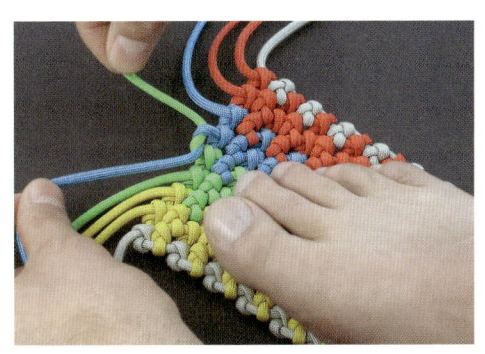

18　結び目をしっかり引きしめる。

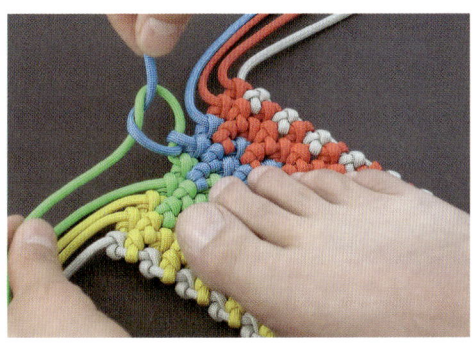

19　こんどは左を上にして交差させてもう1回結ぶ。

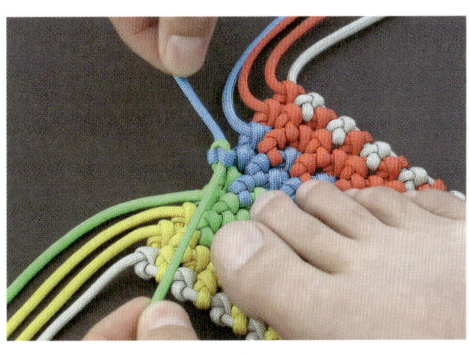

20　結び目をしっかり引きしめる。17からここまでで、本結びが1回結べる。

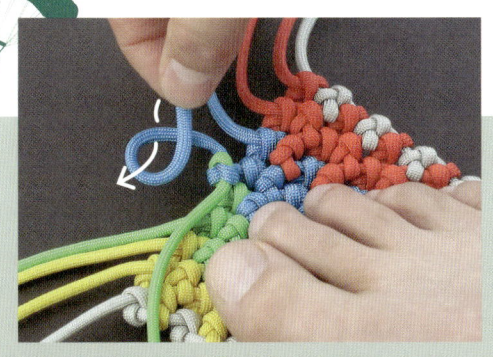

21　本結びを固定するために、右の青コードを……

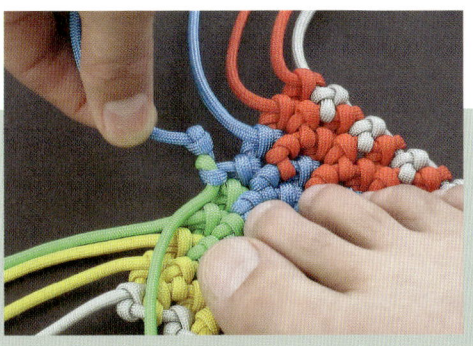

22　ひと結びして結び目をつくる。

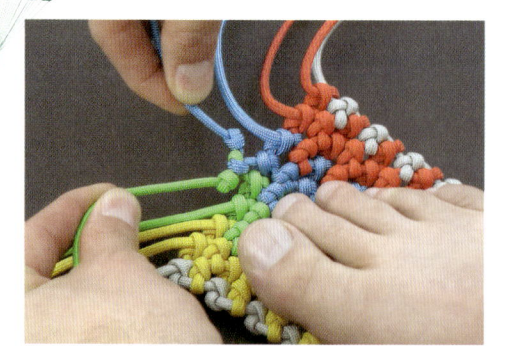

23 左の緑コードも同様にひと結びする。

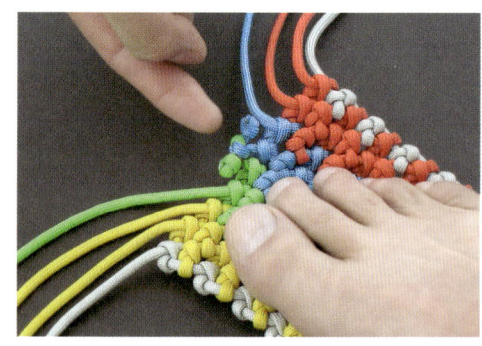

24 ひと結びした2本のコードの端をギリギリでカットし、焼き止めする。

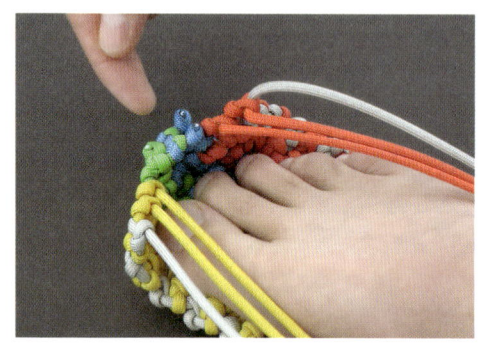

25 内側のコード2本(青と緑)で17〜24をくり返す。

26 続けて内側のコード2本(赤と黄)でも17〜24をくり返す。

27 コードが両端の白2本になるまで17〜24をくり返す。

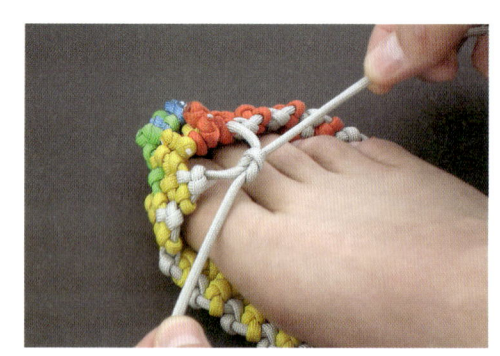

28 次に、最後につくった本結びの結び目から約2.5 cmのところで白コード2本を本結びする。

29 左の白コードを土踏まず付近のソールの端に写真のように通す。

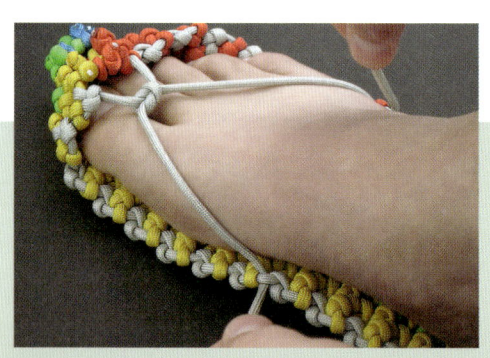

30 右の白コードも33と左右対称な位置でソールの端に通す。

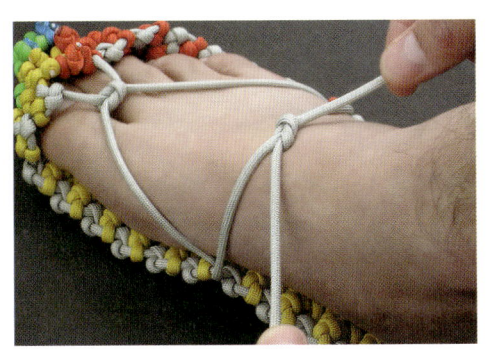

Chapter 06　　Bushcraft & Tactical Ties　　Bush Sandals　　121

31 左右の白コードを足の甲の上に持ち上げ、中央で本結びする。

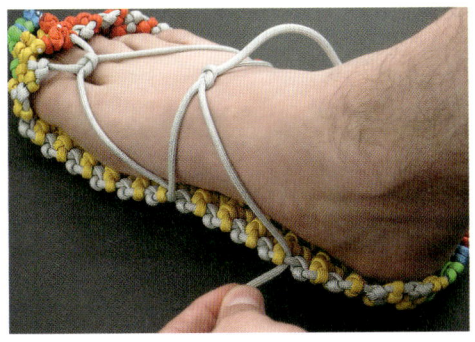

32 左の白コードを 33 でコードを通した位置とかかとの中央あたりでもう一度ソールの端に通す。

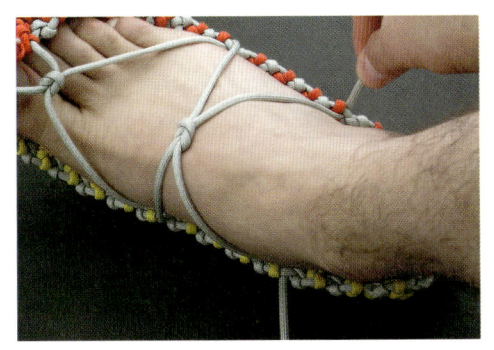

33 右の白コードも 32 と左右対称な位置でソールの端に通す。

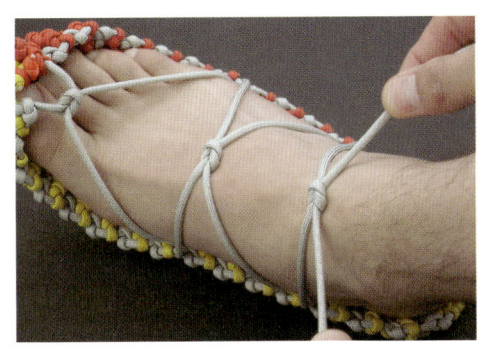

34 左右の白コードを足の甲の上に持ち上げ、中央で本結びする。

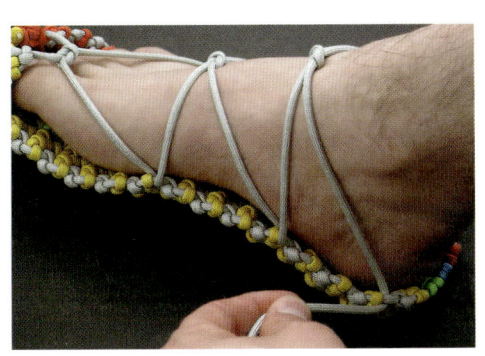

35 左の白コードをかかとの左側でソールの端に通す。

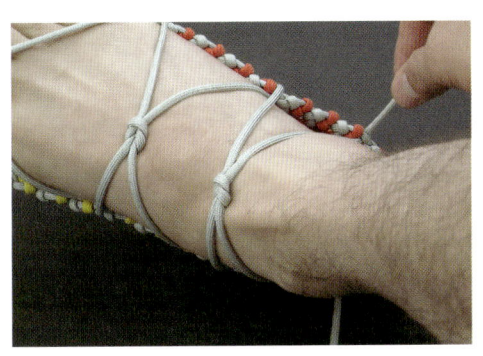

36 右の白コードも 35 と左右対称な位置でソールの端に通す。

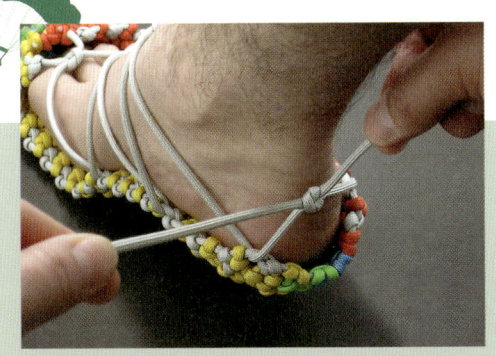

37 左右の白コードを持ち上げ、後ろ中心の底から約 5 cmのところで本結びする。

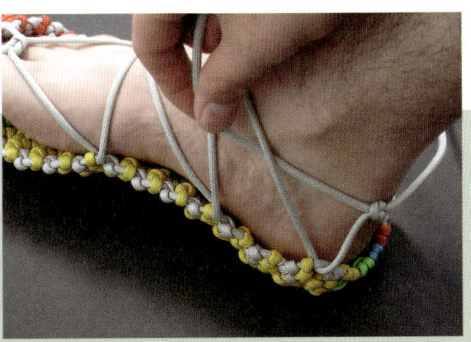

38 左の白コードを隣に渡ったコードにくぐらせる。

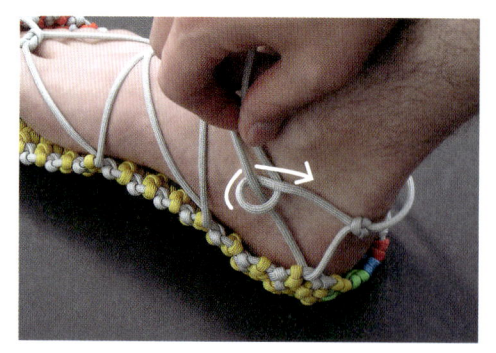

39 さらに矢印のようにくぐらせて時計まわりのループをつくる。

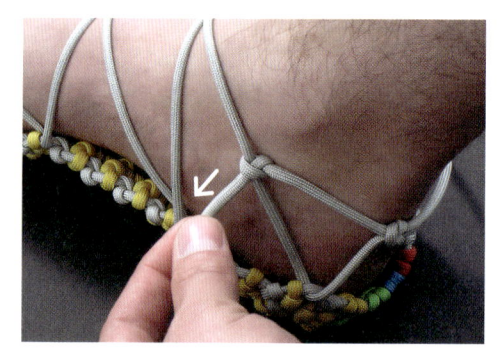

40 コードの端をループに通し、結び目をしっかり引きしめる。

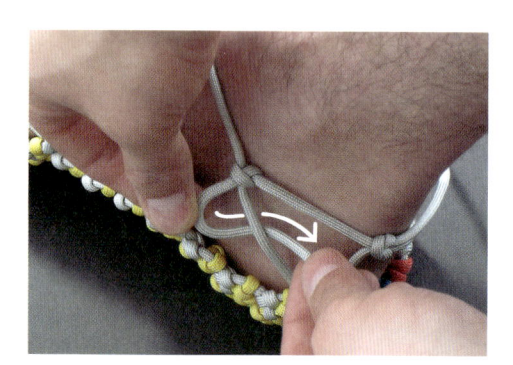

41 続けてコードの端を矢印のようにかかと側にできた三角形に通し……

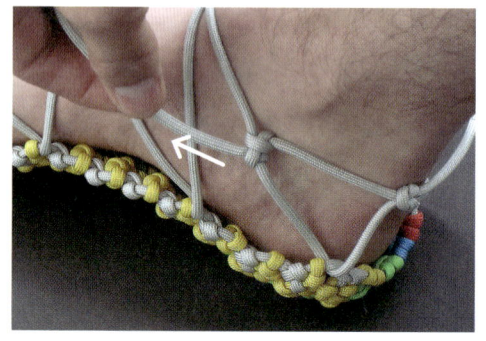

42 できたループにコードの端を通して結び目をしっかり引きしめる。

43 コードの端は最後の結び目から約2.5cmのところでひと結びしてから、ギリギリでカットして焼き止めする。

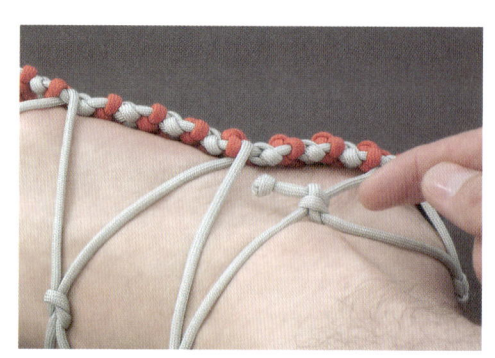

44 右の白コードでも38〜43を左右対称にくり返す。

45 右足用のブッシュサンダルのできあがり。同様にして左足用をつくろう。

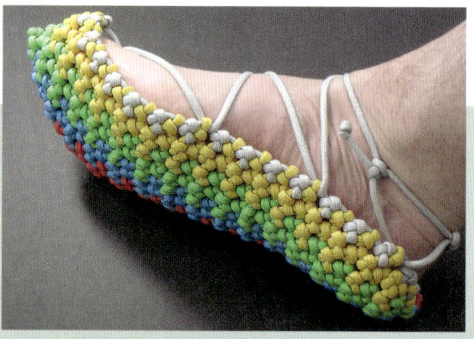

46 実際にはいてみると、歩いたり走ったりはもちろん、ジャンプや山登りをしたって大丈夫。足がしっかり保護されていることがわかるぞ！

Chapter 07

Pouches, Baskets, & Secret Spaces

ポーチ・カゴ・秘密の収納

パラコードの丈夫さやしなやかさを生かした実用的なアイテムとして、おすすめなのが小物用のいろいろなケース。サイズを入れたいものに合わせれば、機能性抜群の一点ものに。

19 How to knot ≫ page 129
How to make ≫ page 157

六角シークレットケース

一見ただのキーホルダーかと思いきや、じつは内側に「秘密の空間」があり、ものがしまえるというデザイン。

20 How to knot ≫ page 126
How to make ≫ page 158

シークレットケース（オリジナルバージョン）

シークレットケースとして最初に考案したデザイン。もしもに備えて、IDメモを忍ばせておくのもおすすめだ。

125

21 How to knot ≫ page 136
How to make ≫ page159
折りたたみナイフポーチ

上部のループをベルトに通すと、大事なツールを
腰に下げることができる。
入れたいものに合わせてつくろう。

22 How to knot ≫ page 141
How to make ≫ page 159
ドラゴンエッグポーチ

まさに竜の卵のような個性的なフォルムのポーチ。
何を入れるかはアイディアしだいだ。

Secret Compartment Fob (Original)
シークレットケース（オリジナルバージョン）

このシークレットケースは、丸四つだたみのテクニックを応用して6本のコードで結んでつくる。内側に筒状の空洞ができるので、そこに細長く丸めた手紙や紙幣、火起こし用のフェローロッド（火打石）など、好きなものを入れておくことができる。

用尺（約9cmのキーホルダー） ➡ 150cmを3本
テクニック ➡ 丸六つだたみ
Tips ➡ 丸四つだたみを6本で結ぶのが「丸六つだたみ」。丸四つだたみの結び方はP.51参照。

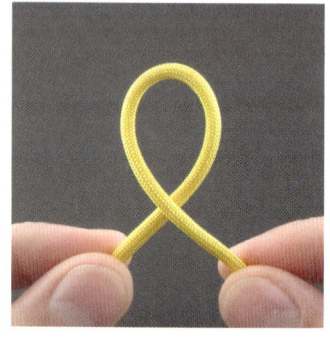

01 1本めのコード（黄）の中央で反時計まわりのループをつくる。

02 2本めのコード（緑）をループに通し、中央を黄コードの交点に合わせる。

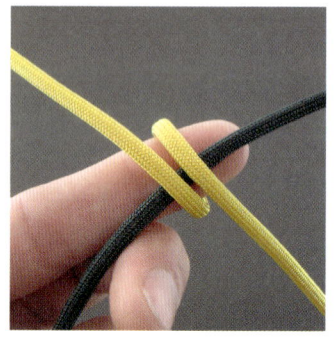

03 上下反転し、ループに左手の人差し指を入れ緑コードを黄コードと直交させて押さえる。

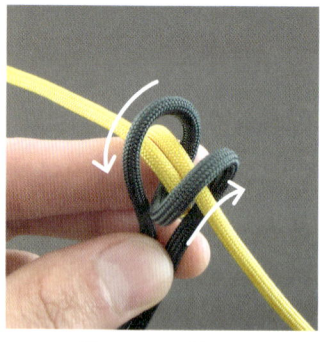

04 緑コードの両端を、それぞれ黄コードの上から互い違いに反対側へ移す。

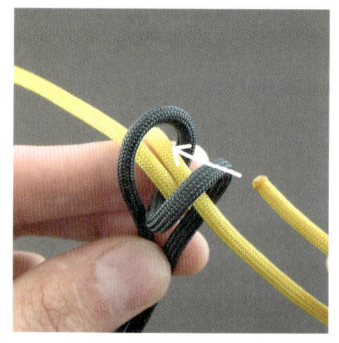

05 手前の黄コードの端を持ち上げて、1本めの緑コードの上を通して……

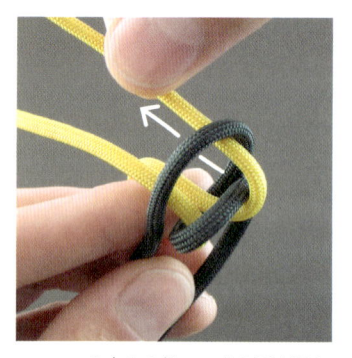

06 2本めの緑コードの下を通して向こう側へ出す。

07 向こう側の黄コードの端を持ち上げて、1本めの緑コードの上を通して……

08 2本めの緑コードの下を通して手前へ出す。これで四つだたみが結べる。

09 3本めのコード（白）の端を持ち……

| Chapter 07 | Pouches, Baskets, & Secret Spaces | Secret Compartment Fob(Original) | 127 |

10 写真のように中央まで通し、黄と緑のコード4本を均等に引き結び目を引きしめる。

11 右の白コードを時計まわりに動かし、左隣の緑コードの手前に出す。

12 緑コードを左隣の黄コードの手前に出す。

13 黄コードを左隣の白コードの手前に出す。

14 白コードを左隣の緑コードの手前に出す。

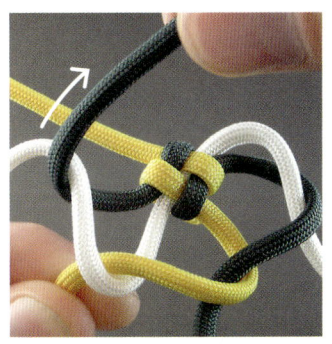

15 緑コードを左隣の黄コードの手前に出す。

16 黄コードの端を11でできた白コードのループに写真のように上から下へ通す。

17 結び目がしっかりしまるまで、コード6本を均等に引きしめる。

18 一番短いコードの残りが約13cmになるまで11〜17をくり返す。

19 [NOTE] きれいに結べていれば、中心にはこのような穴ができる。

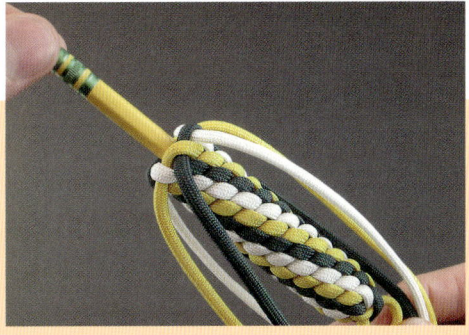

20 もしうまく空洞ができていなければ、鉛筆などを差し込んで穴の形を整えよう。

21 6本組みダイアモンドノット（→P.64）を結ぶ。

22 コードの端を2〜3cm残して切りそろえ、焼き止めすればシークレットケースのできあがり。

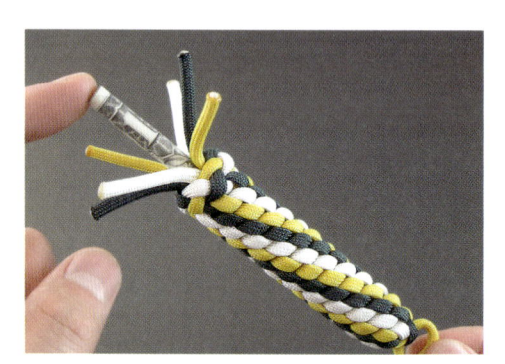

23 シークレットケースを使うときは、まずコードの端を開いてしまいたいモノを入れ……

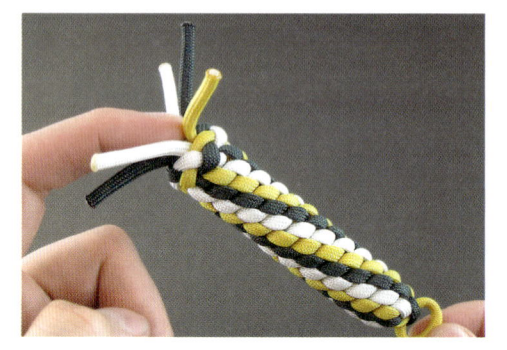

24 完全に押し込む。

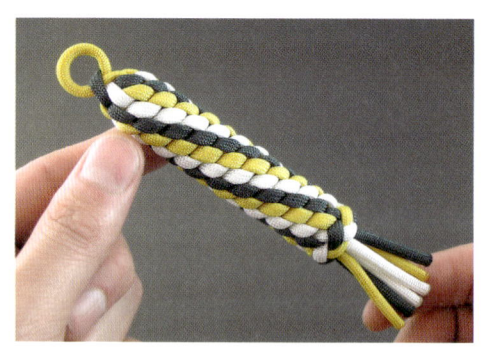

25 コードの端を元に戻して開口部を隠せば終了。

26 しまったものを取り出したいときは、再びコードの端を開き……

27 反対側から空洞をつぶすように押せば、入れたものが少し飛び出してくる。

28 ここまでくれば、あとは飛び出した先をつまんで引き出すだけ。

Chapter 07　Pouches, Baskets, & Secret Spaces　Hexagonal Secret Compartment Fob　129

Hexagonal Secret Compartment Fob

六角シークレットケース

オリジナルバージョンと同様に、このシークレットケースも内側に空洞があり、モノを隠しておくことができる。ただしこちらの場合は、毎回逆まわりに結んでいく角四つだたみがベースになっているため、全体のフォルムが円筒形というよりは六角形の筒に近くなる。

用尺（約9cmのキーホルダー）➡150cmを3本
テクニック➡角六つだたみ
Tips➡四つだたみを1回ごとに逆回りで結ぶのが「角四つだたみ」だ。

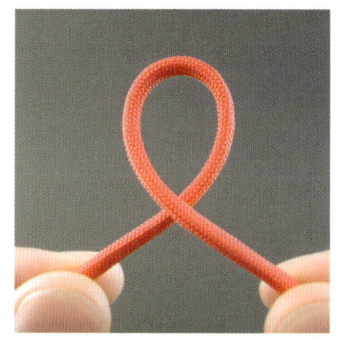

01 1本めのコード（赤）の中央で反時計まわりのループをつくる。

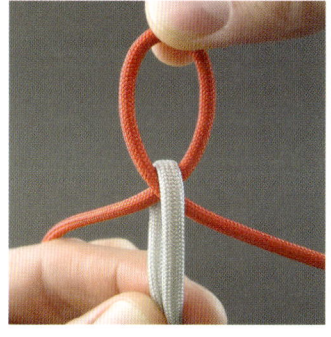

02 2本めのコード（白）をループに通し、中央を赤コードの交点に合わせる。

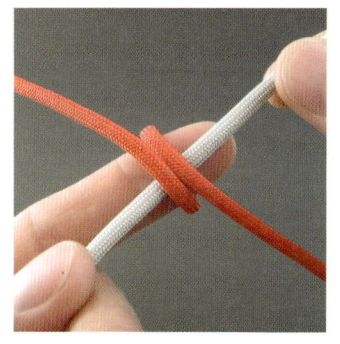

03 上下反転し、ループに左手の人差し指を入れ白コードを赤コードと直交させて押さえる。

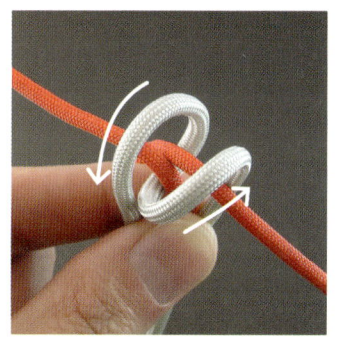

04 白コードの両端を、それぞれ赤コードの上から互い違いに反対側へ移す。

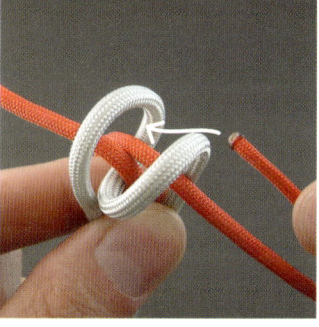

05 手前の赤コードの端を持ち上げて、1本めの白コードの上を通して……

06 2本めの白コードの下を通して向こう側へ出す。

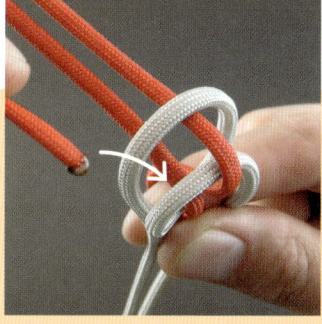

07 向こう側の赤コードの端を持ち上げて、1本めの白コードの上を通して……

08 2本めの白コードの下を通して手前へ出す。これで四つだたみが結べる。

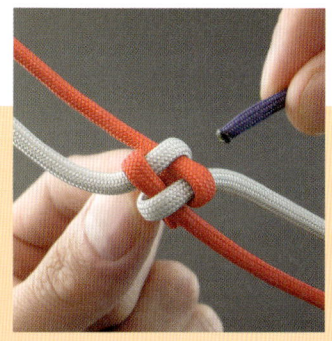

09 3本めのコード（青）の端を持ち……

10 写真のように中央まで通し、赤と白のコード4本を均等に引き結び目を引きしめる。

11 右の青コードを時計まわりに動かし、左隣の白コードの手前に出す。

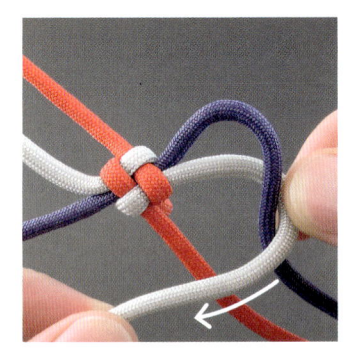

12 白コードを左隣の赤コードの手前に出す。

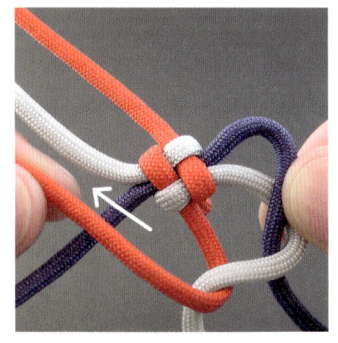

13 赤コードを左隣の青コードの手前に出す。

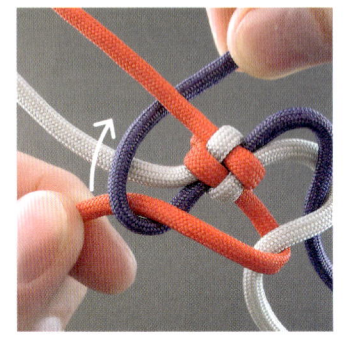

14 青コードを左隣の白コードの手前に出す。

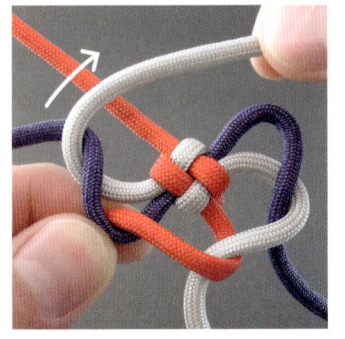

15 白コードを左隣の赤コードの手前に出す。

16 赤コードの端を11でできた青コードのループに写真のように上から下へ通す。

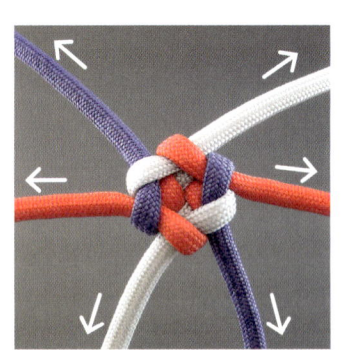

17 結び目がしっかりしまるまで、コード6本を均等に引きしめる。

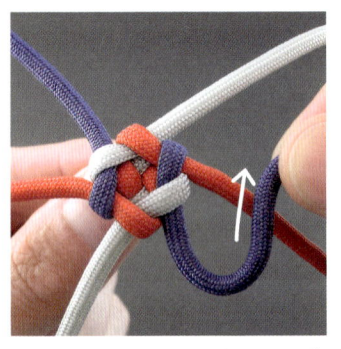

18 青コードを反時計まわりに動かし、右隣の赤コードの手前に出す。

19 赤コードを右隣の白コードの手前に出す。

20 白コードを右隣の青コードの手前に出す。

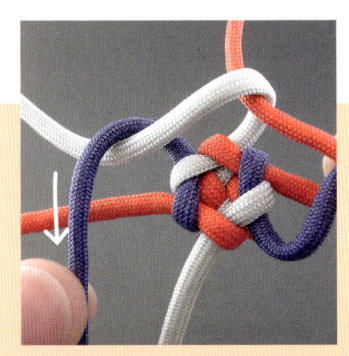

21 青コードを右隣の赤コードの手前に出す。

Chapter 07　　Pouches, Baskets, & Secret Spaces　　Hexagonal Secret Compartment Fob　　131

22 赤コードを右隣の白コードの手前に出す。

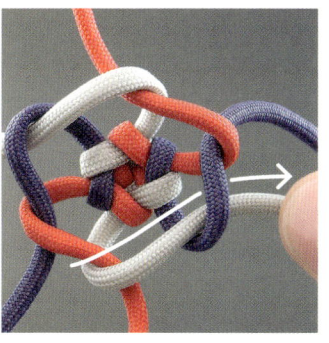

23 白コードの端を18でできた青コードのループに写真のように上から下へと通す。

24 結び目がしっかりしまるまで、コード6本を均等に引きしめる。

25 一番短いコードの残りが約13cmになるまで11〜24をくり返す。

26 [NOTE] きれいに結べていれば、中心にはこのような穴ができる。

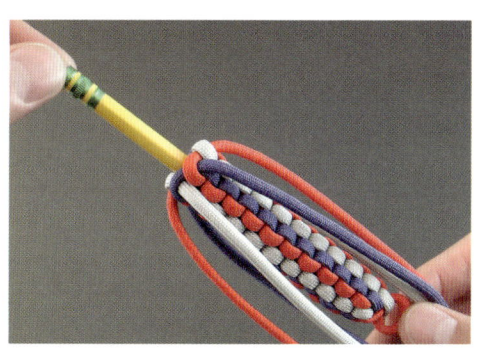

27 もしうまく空洞ができていなければ、鉛筆などを差し込んで穴の形を整えよう。

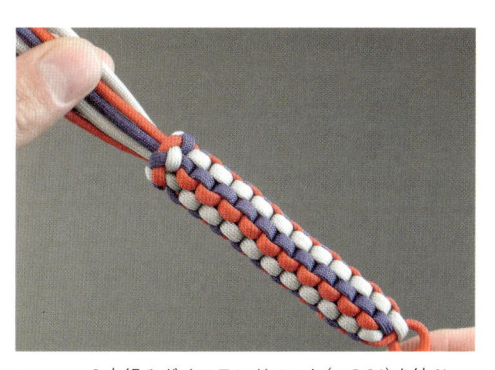

28 6本組みダイアモンドノット(→P.64)を結ぶ。

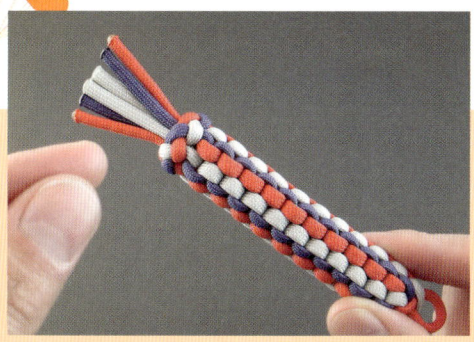

29 コードの端を2〜3cm残して切りそろえ、焼き止めする。

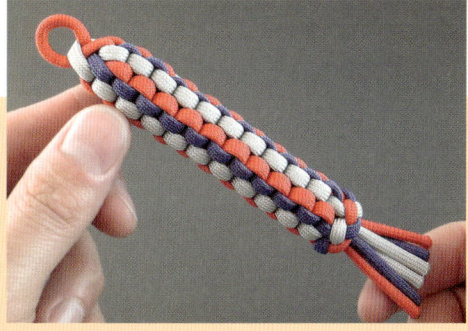

30 六角シークレットケースのできあがり。使い方は「シークレットケース」(→P.128)と同様だ。

Bolt Basket
ボルトバスケット

ボルトバスケットは、丸四つだたみをベースにすべての目をほどけないスリップノットで結ぶという、革新的なテクニックを使ってつくる。しなやかでありながら丈夫なバスケットは、たとえばクロスボウの矢をストックするのにぴったり。それをそのまま誰かに投げ渡したりするときにも安全だ。

用尺（長さ約 11.5 cm、直径約 3.8 cm のバスケット）
➡ 180 cm を 4 本
テクニック ➡ 2 本どりの四つだたみ、ほどけないスリップノット、本結び

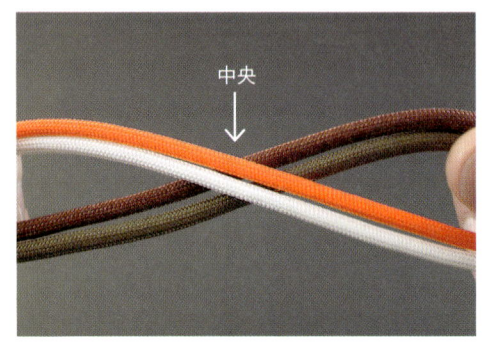

01 4本のコードを2本ずつに分けて持ち、それぞれの中央を重ねて写真のようなX型に配置する。

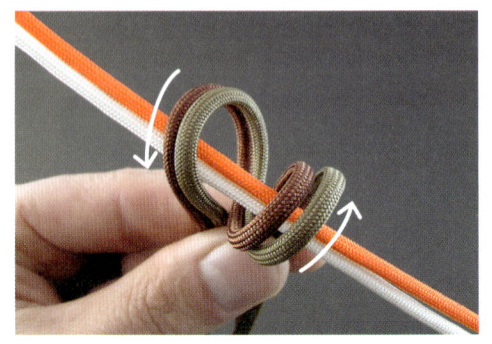

02 下にしたほうのコード2本（茶＋カーキ）の両端を持ち上げ、ほかの2本（白＋オレンジ）の上からそれぞれ互い違いに反対側へ移す。

03 手前の白＋オレンジコードの端を持ち上げ、最初の茶＋カーキコードの上を通して……

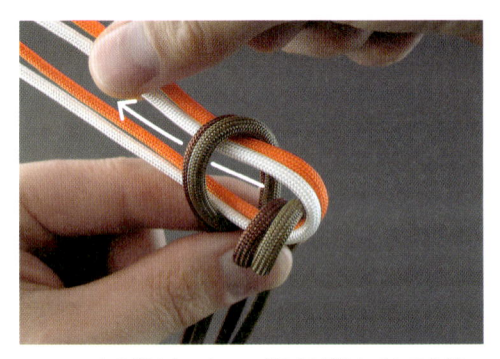

04 次の茶＋カーキコードの下を通して向こう側へ出す。

05 向こう側の白＋オレンジコードの端を持ち上げ、最初の茶＋カーキコードの上を通して……

06 次の茶＋カーキコードの下を通して手前へ出し、すべてのコードを引いて結び目を引きしめる。

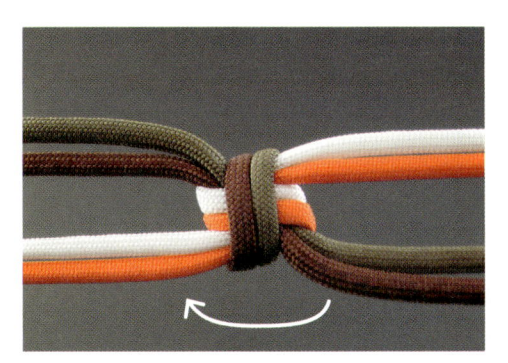

Chapter 07　Pouches, Baskets, & Secret Spaces　Bolt Basket　133

07　左右反転させて裏返す。

08　右上の白コードで反時計まわりのループをつくる。

09　白コードを二つ折りしてループに通し……

10　二つ折りのループの高さが約1.5cmになるようにスリップノットの結び目を引きしめる。

約1.5cm

11　左上のカーキコードの端を10でできた白コードのループに通す。

12　白コードを引いてループを引きしめ、カーキコードを固定する。

13　続けて、カーキコードと左隣の茶コードとで08〜12をくり返す。

14　さらに茶コードと左隣の白コードとで08〜12をくり返す。

15 同様に反時計まわりに 08 〜 12 をくり返し、1周結ぶ。

16 さらに 08 〜 12 をくり返していくと、しだいに丸四つだたみとはまったく違う外見になっていく。

17 一番短いコードの残りが約 13cm になるまで 08 〜 12 をくり返す。

18 [NOTE] きれいに結べていれば中心にはこのような穴ができる。

19 一番最後にループに通したコード（白）と左隣のコード（カーキ）を左を上にして交差させ、1回結ぶ。

20 2本のコードを引いてしっかり結ぶ。

21 こんどは右を上にして交差させ、もう1回結ぶ。

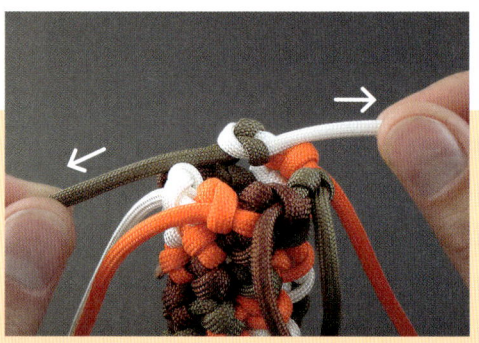

22 2本のコードをしっかり引きしめる。これで本結びがひとつ結べる。

Chapter 07 | Pouches, Baskets, & Secret Spaces | Bolt Basket | 135

23 22で左にきたコード（カーキ）とその左隣のコード（茶）を左を上にして交差させ、1回結ぶ。

24 2本のコードを引いてしっかり結ぶ。

25 こんどは右を上にして交差させ、もう1回結ぶ。

26 2本のコードをしっかり引きしめて本結びを結ぶ。

27 さらに6回、23～26をくり返す。

28 コードの端をギリギリでカットし、焼き止めする。

29 使うときは、バスケットの上下を持ち、口をねじるとケースが開閉する。

30 完成したボルトバスケットにアルミのクロスボウの矢を詰めてみた。

Utility Knife Pouch
折りたたみナイフポーチ

このポーチは『パーフェクトブック』で紹介した「バックボーン結び」の進化形だ。注目してほしいのは、バックボーン結びを立体的に結んで折りたたみナイフがしまえるポーチをつくり、ベルト通しのループもつけたこと。より長いコードを用意すれば、普通のナイフのさやをつくることもできる。

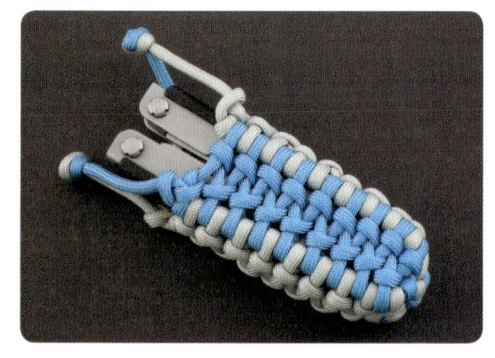

用尺（約9cm・幅約5cmのポーチ） → 370cmを2本
テクニック → 四つだたみ、スリップノット、バックボーン結び、本結び
Tips → スリップノットで立体をつくる画期的な方法だ。

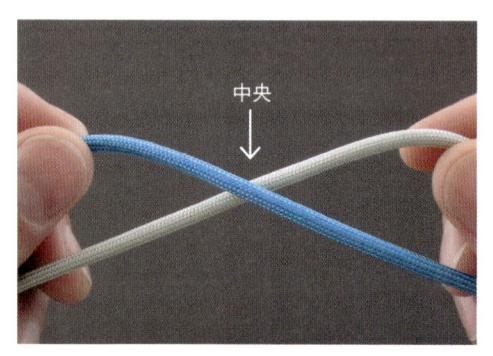

01 2本のコードの中央を合わせ、青コードを上、白コードを下にしてX型に配置する。

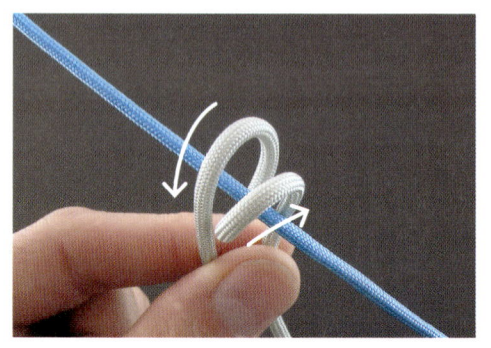

02 下にした白コードの両端を持ち上げ、青コードの上から互い違いに反対側へ移す。

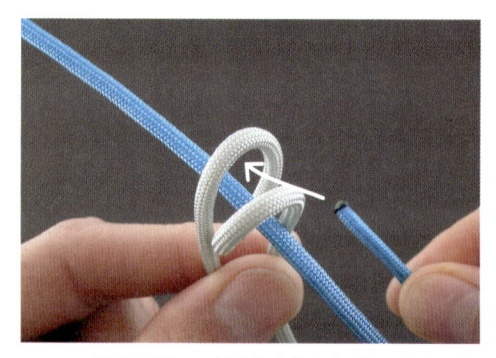

03 手前の青コードの端を持ち上げ、1本めの白コードの上を通し……

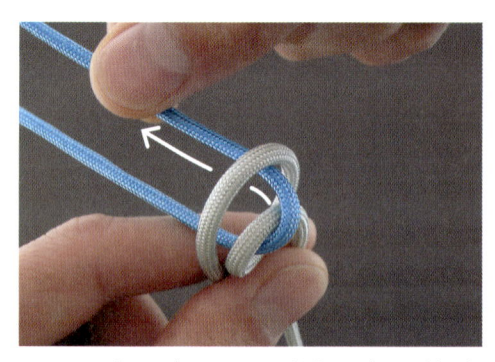

04 2本めの白コードの下を通して向こう側へ出す。

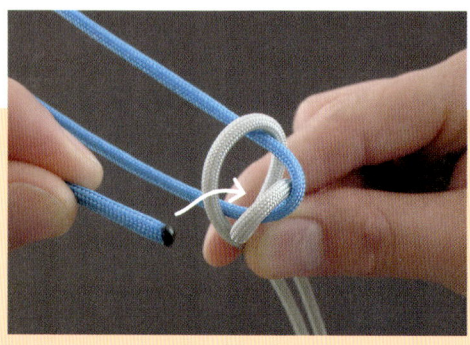

05 向こう側の青コードの端を持ち上げ、1本めの白コードの上を通し……

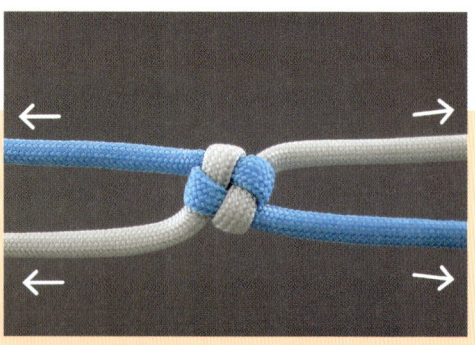

06 2本めの白コードの下を通して手前に出し、4本のコードを引いて結び目を均等に引きしめると四つだたみがひとつ結べる。

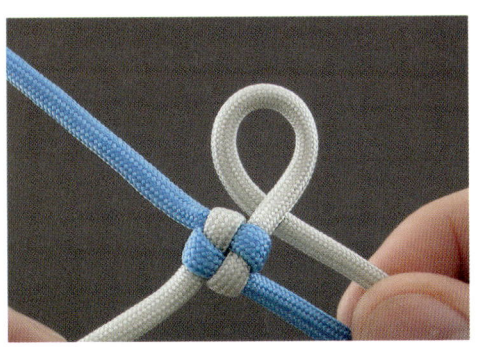

Chapter 07　Pouches, Baskets, & Secret Spaces　Utility Knife Pouch　137

07　右上の白コードで時計まわりのループをつくる。

08　白コードを二つ折りし、07でつくったループに通し……

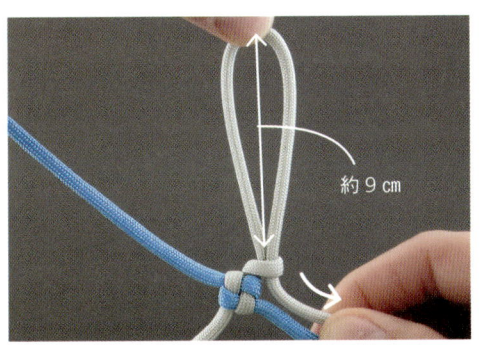

09　二つ折りのループの高さを約9cm(これがケースの長さになる)にしてスリップノットを引きしめる。

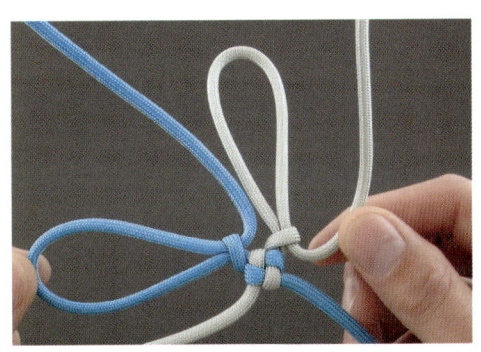

約9cm

10　左隣の青コードでも07〜09をくり返す。

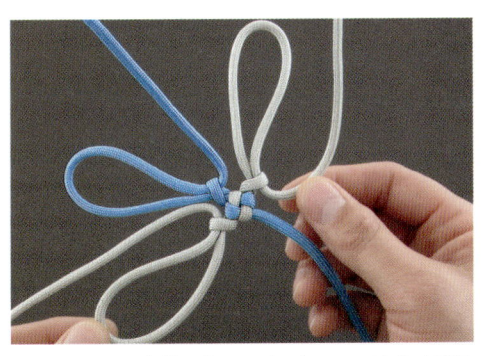

11　さらに左隣の白コードでも07〜09をくり返す。

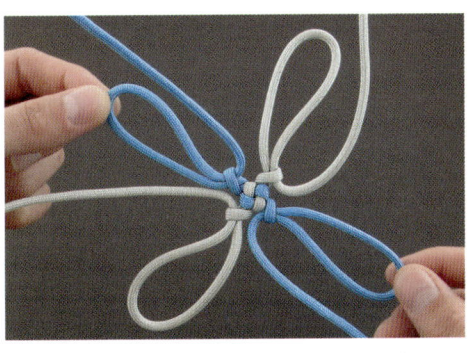

12　残りの青コードでも07〜09をくり返す。

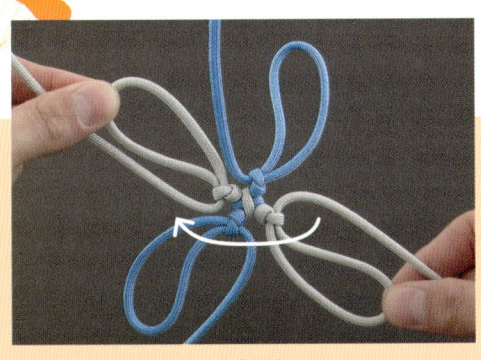

13　左右に反転させて裏返す。

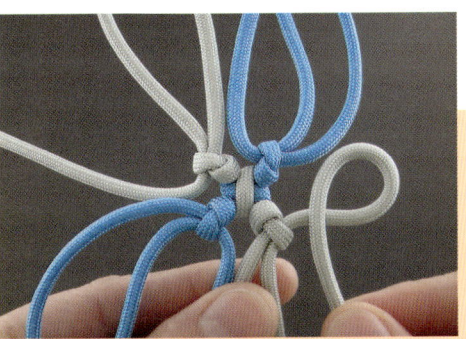

14　右下の白コードで反時計まわりのループをつくる。

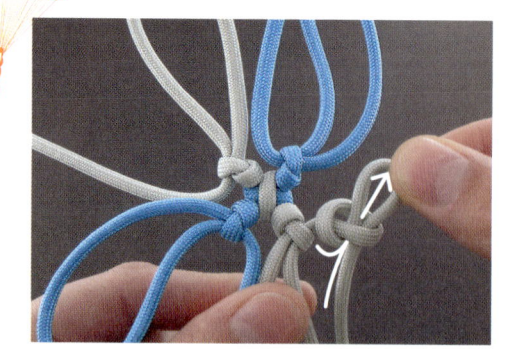

15 白コードを二つ折りし、14でつくったループに通し……

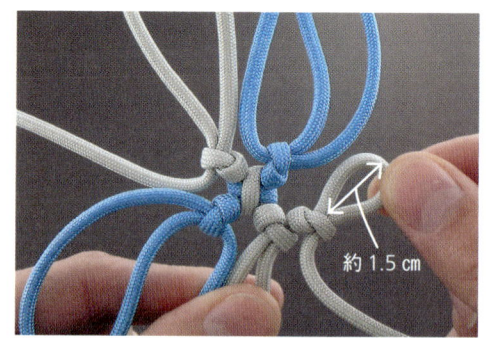

16 二つ折りのループの高さを約1.5cmにしてスリップノットを引きしめる。

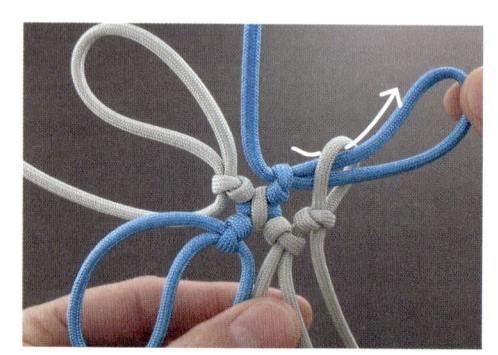

約1.5cm

17 16でできたループに左隣の青コードの長いループを通す。

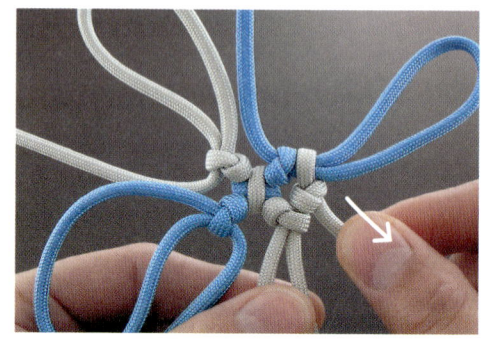

18 白コードを引いてスリップノットのループを引きしめ、青コードの長いループを固定する。

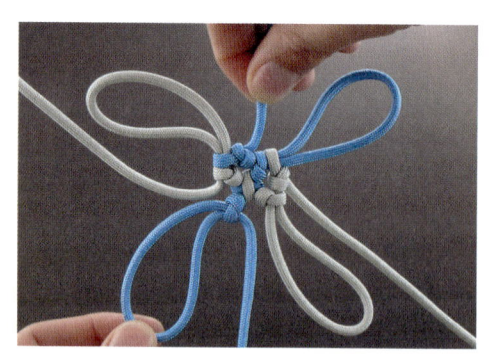

19 左隣の青コードと白コードの長いループでも14〜18をくり返す。

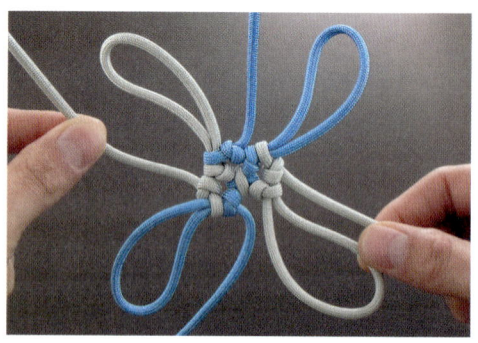

20 さらに左隣の白コードと青コードの長いループでも14〜18をくり返す。

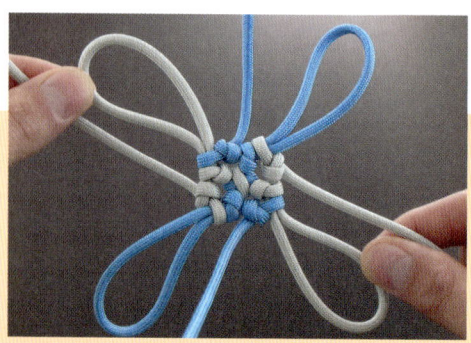

21 さらに左隣の青コードと白コードの長いループでも14〜18をくり返すと、すべての長いループが固定される。

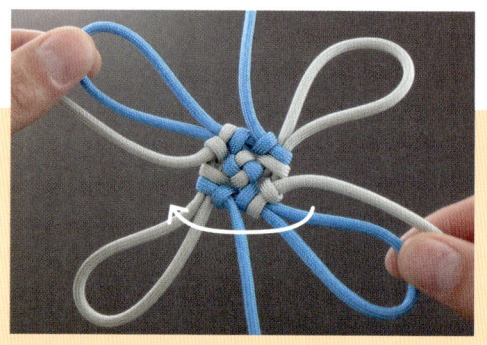

22 左右に反転させて裏返す。

Chapter 07　　Pouches, Baskets, & Secret Spaces　　Utility Knife Pouch　　139

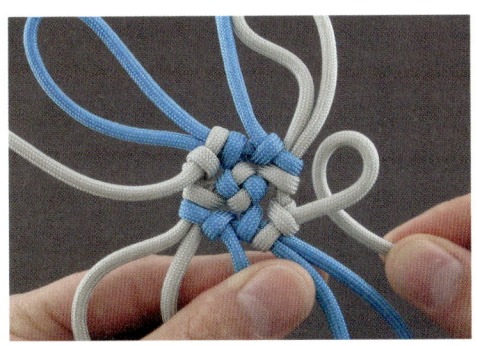

23　右下の白コードで時計まわりのループをつくる。

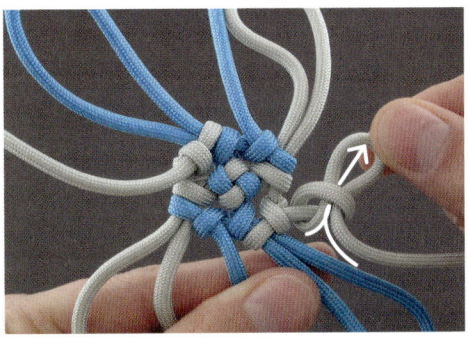

24　白コードを二つ折りし、23 でつくったループに通し……

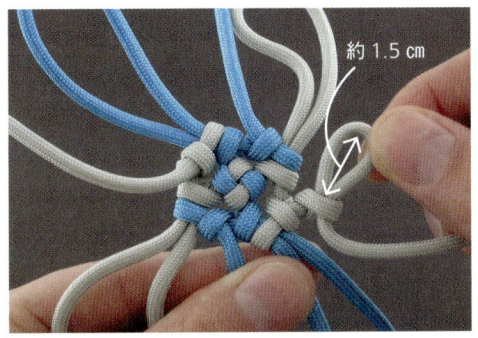

約 1.5 cm

25　二つ折りのループの高さを約 1.5 cm にしてスリップノットを引きしめる。

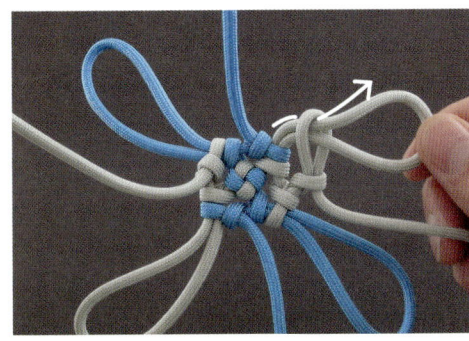

26　25 でできたループに左隣の白コードの長いループを通す。

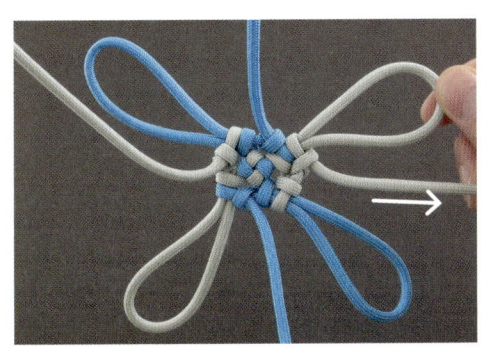

27　白コードを引いてスリップノットのループを引きしめ、白コードの長いループを固定する。

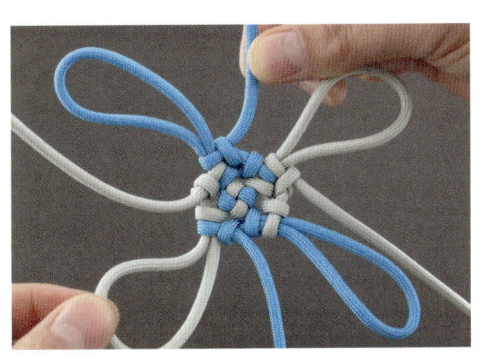

28　左隣の青コードと青コードの長いループでも 23～27 をくり返す。

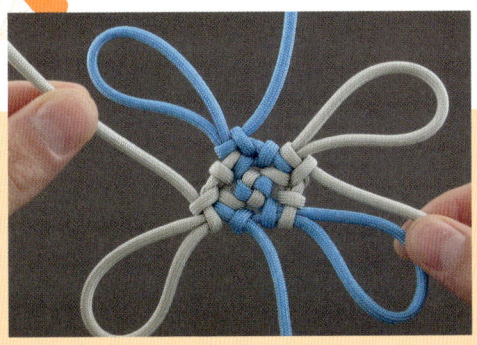

29　さらに左隣の白コードと白コードの長いループでも 23～27 をくり返す

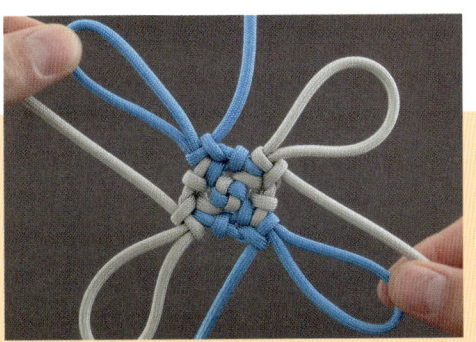

30　さらに左隣の青コードと青コードの長いループでも 23～27 をくり返すと、すべての長いループが固定される。

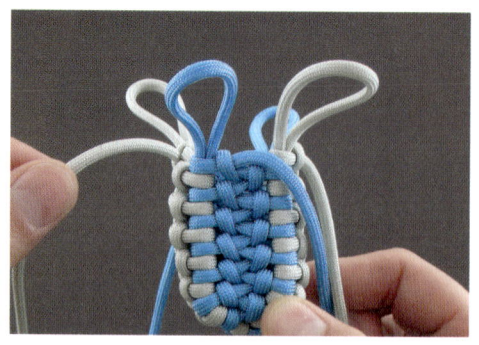

31 13〜30をくり返していくと、ポーチの形ができていく。

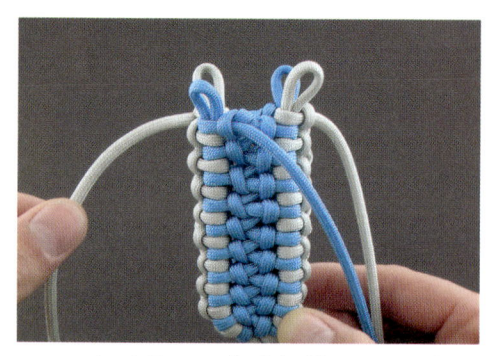

32 4つの長いループの高さが残り1.5cmほどになるまで13〜30をくり返す。

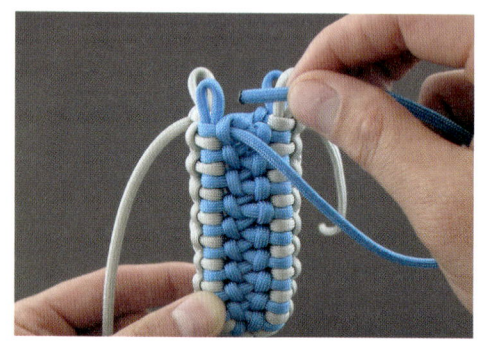

33 ここからはとめの作業。まず青コード1本の端を持ち……

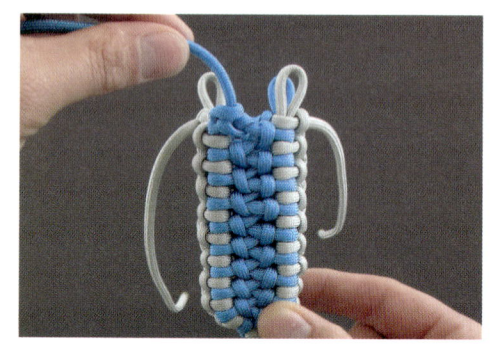

34 一番近くにあるループに通す。

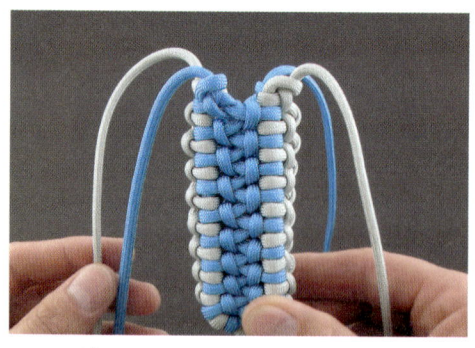

35 残りのコードでも33〜34をくり返す。

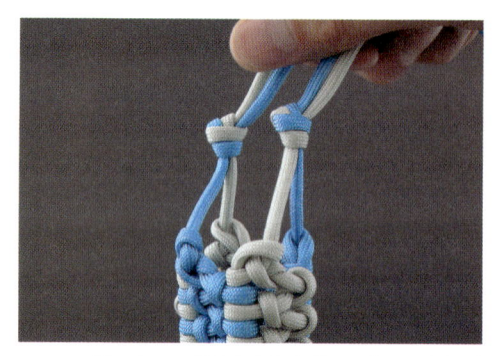

36 残ったコード4本を2本ずつに分け、それぞれまとめてひと結びする。

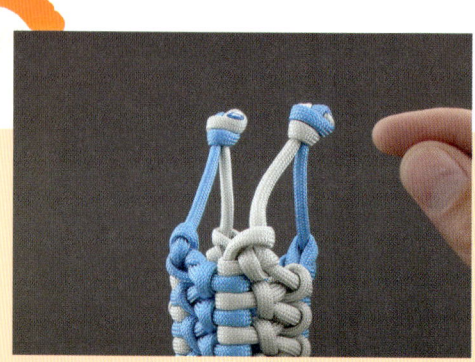

37 コードの端をギリギリでカットし、焼き止めする。

38 折りたたみナイフケースのできあがり。

Chapter 07　Pouches, Baskets, & Secret Spaces　Dragon Egg Pouch　141

Dragon Egg Pouch
ドラゴンエッグポーチ

このポーチは、テクニック的には折りたたみナイフケースの表裏逆転バージョン。簡単に開け閉めできて、十分な容量のあるポーチなら、スリングショット（ゴム銃）の玉入れにぴったりだと思いついてつくった。ちょうど右の写真のような具合だ。ポーチの口はコードを固定せず、可動式にしておくことで開閉可能になっている。

用尺（長さ約 10 cm・直径約 6.5 cmのポーチ）→ 370 cmを3本
テクニック → 四つだたみ、バックボーン結び、カウヒッチ、本結び

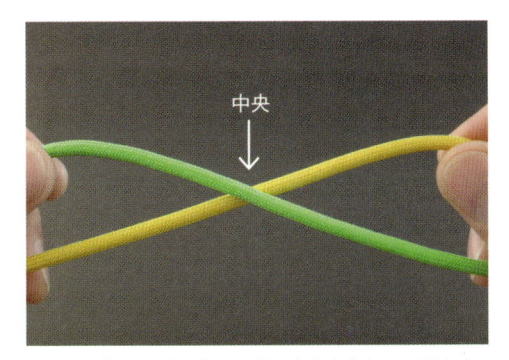

01 緑コードと黄コードの中央を合わせ、緑を上、黄を下にしてＸ型に配置する。

02 下にした黄コードの両端を持ち上げ、緑コードの上から互い違いに反対側へ移す。

03 手前の緑コードの端を持ち上げ、1本めの黄コードの上を通し……

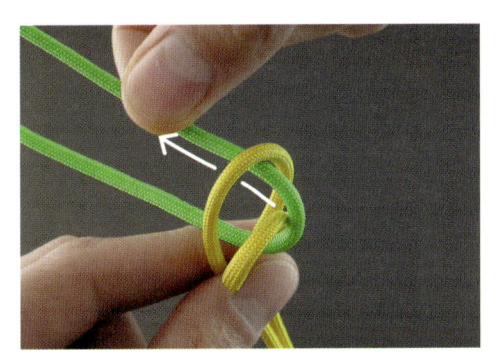

04 2本めの黄コードの下を通して向こう側へ出す。

05 向こう側の緑コードの端を持ち上げ、1本めの黄コードの上を通し……

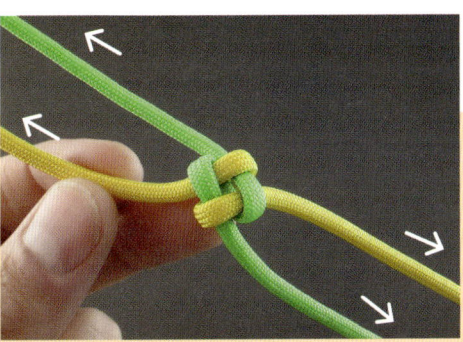

06 2本めの黄コードの下を通して手前に出し、4本のコードを引いて結び目を均等に引きしめると四つだたみがひとつ結べる。

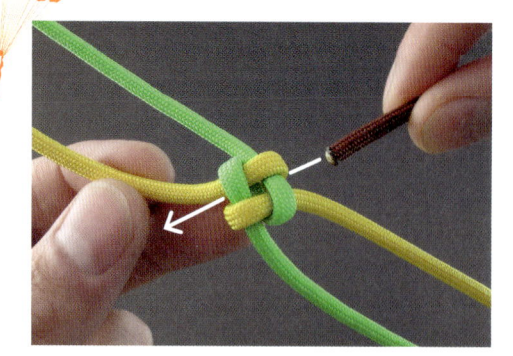

07 3本めのコード(茶)の端を持ち、四つだたみの側面に矢印のように中央まで通す。

08 緑と黄のコード4本を引いて結び目を引きしめ、茶コードを固定する。

09 右上の茶コードで反時計まわりのループをつくる。

10 茶コードを二つ折りし、09でつくったループに通す。

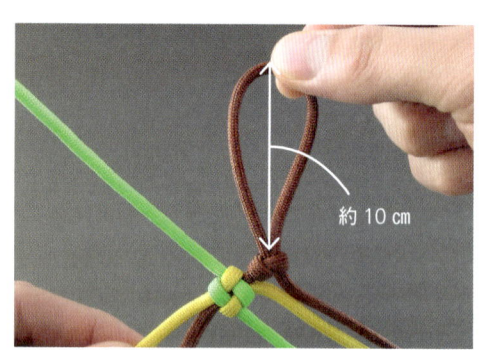

約10cm

11 二つ折りのループの高さを約10cm(これがポーチの高さになる)にして茶コードを引き、スリップノットを引きしめる。

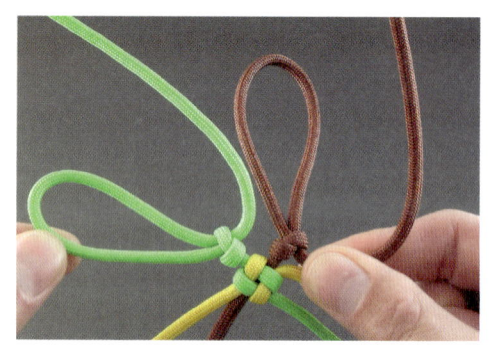

12 左隣の緑コードでも09〜11をくり返す。

13 さらに左隣の黄コードでも09〜11をくり返す。

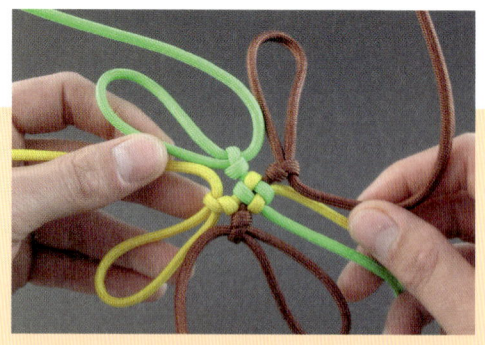

14 さらに左隣の茶コードでも09〜11をくり返す。

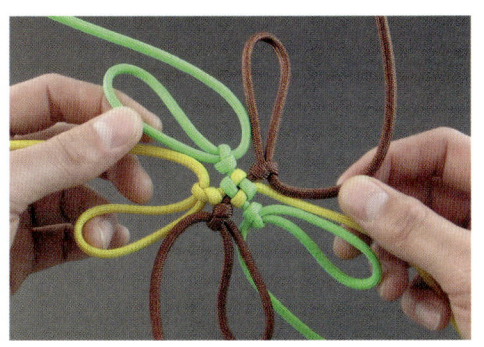

Chapter 07　Pouches, Baskets, & Secret Spaces　Dragon Egg Pouch　143

15　さらに左隣の緑コードでも 09 〜 11 をくり返す。

16　最後に残った黄コードでも 09 〜 11 をくり返す。

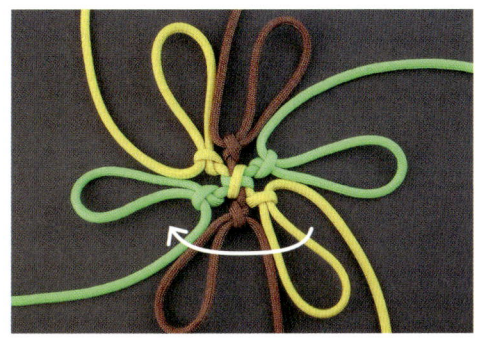

17　左右反転させ裏返す。

18　右下の黄コードで時計まわりのループをつくる。

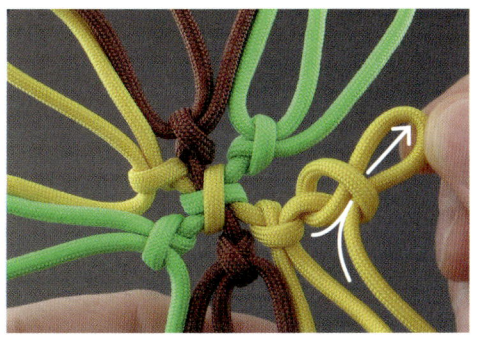

19　黄コードを二つ折りし、18 でつくったループに通す。

20　二つ折りのループの高さを約 1.5 cm にしてスリップノットを引きしめる。

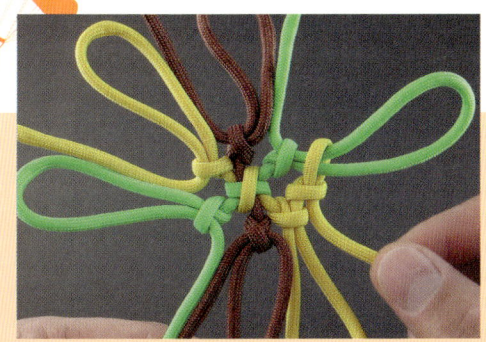

約 1.5 cm

21　左隣の緑コードの長いループを 20 でできた黄コードのループに通す。

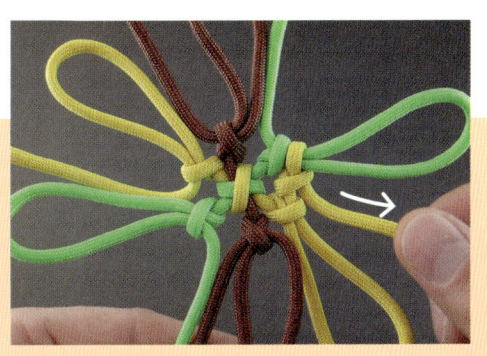

22　黄コードを引いてループを引きしめ、緑コードの長いループを固定する。

144

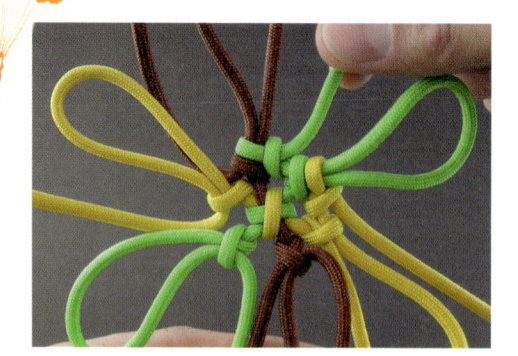

23 左隣の緑コードと茶コードの長いループでも18〜22をくり返す。

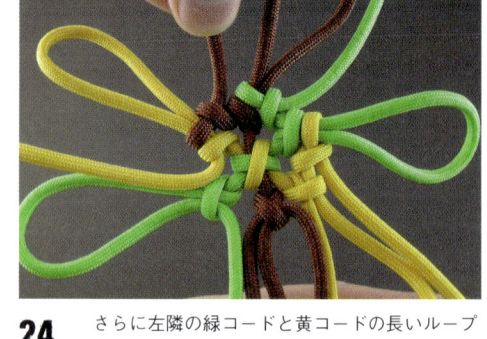

24 さらに左隣の緑コードと黄コードの長いループでも18〜22をくり返す。

25 以下同様に、反時計まわりにすべてのコードと長いループで18〜22をくり返す。

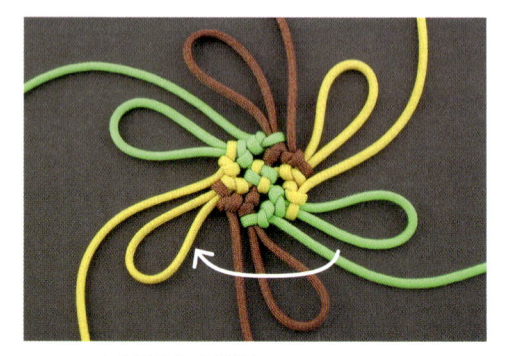

26 左右反転させ裏返す。

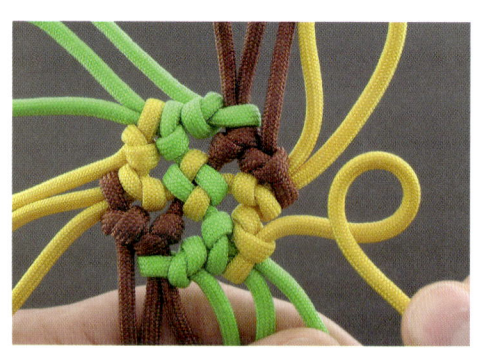

27 右下の黄コードで反時計まわりのループをつくる。

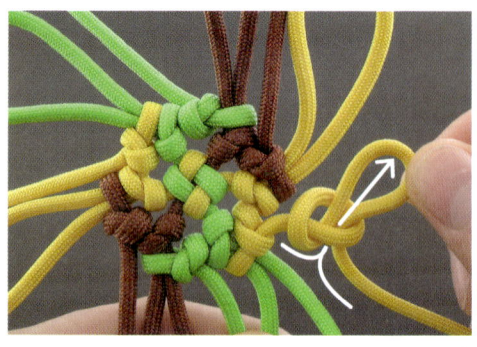

28 黄コードを二つ折りし、27でつくったループに通す。

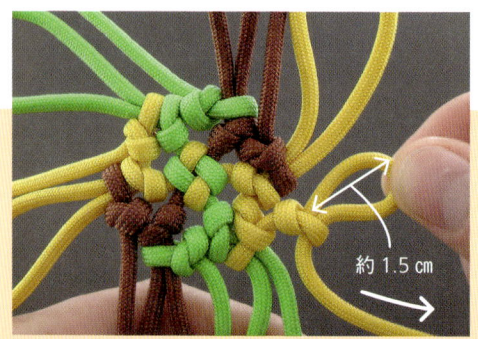

29 二つ折りのループの高さを約1.5cmにしてスリップノットを引きしめる。

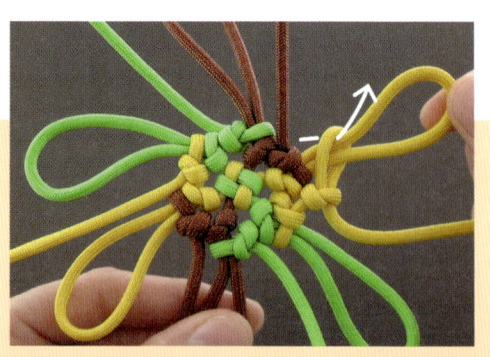

約1.5cm

30 左隣の黄コードの長いループを29でできた黄コードのループに通す。

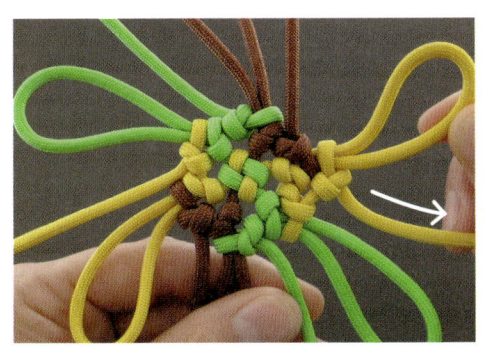

| Chapter 07 | Pouches, Baskets, & Secret Spaces | Dragon Egg Pouch | 145 |

31 黄コードを引いてループを引きしめ、黄コードの長いループを固定する。

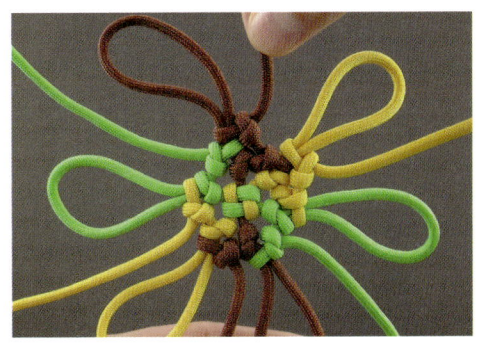

32 左隣の茶コードと茶コードの長いループでも27〜31をくり返す。

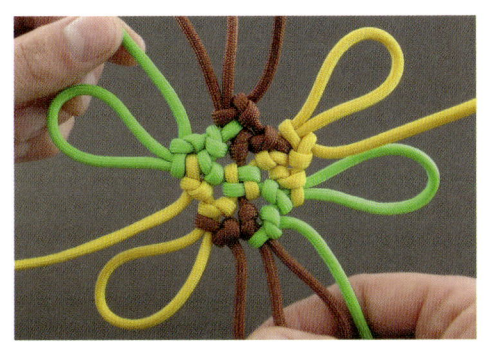

33 さらに左隣の緑コードと緑コードの長いループでも27〜31をくり返す。

34 以下同様に、反時計まわりのすべてのコードと長いループで27〜31をくり返す。

35 17〜34をくり返すと、しだいにポーチの形ができていく。

36 長いループの高さが約4cmになるまで17〜34をくり返す。

37 ここからは止めの作業に入る。まずループのひとつを下に曲げて写真のように小さなループをふたつつくる。

38 ループの左側にあるコードの端を持ち……

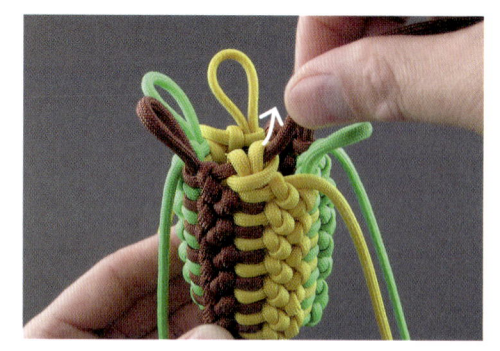

39 左のループに手前から、右のループに向こう側から通すと、通したコードを芯にしたカウヒッチがひとつできる。

40 残りのコードでも同様に37〜39をくり返す。

41 ポーチをできるだけ押し広げる。

42 次にコードの1本を持ち、根元で反時計まわりのループをつくる。

43 コードの端をループに向こう側から手前へと通してひと結びする。

44 残りのコードでも同様に42〜43をくり返す。

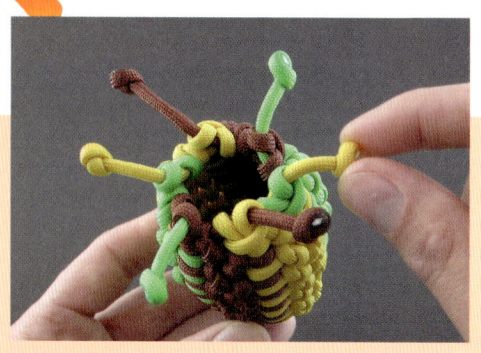

45 すべてのコードの端をカットし、焼き止めする。

46 ドラゴンエッグポーチのできあがり。

How to make

作品のつくり方

[つくりはじめる前に]
・材料欄(Material)に記載した[　]内の文字は、製品の色番号、製品番号です。
・各作品に使用した結びの詳しい手順は、つくり方説明文中に記載されている写真プロセスページを参照してください。

148

01　厚地くさり結びのブレスレット　　　Photo ≫ page 14　　Thick Zipper Sinnet

Material

☐ メルヘン アウトドアコード
　レッド[1621]、ホワイト[1639]　各200㎝
☐ プチバックル[P1044]　1組

[バックルのつけ方①（スタート側）]

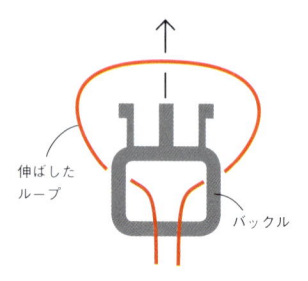

❶ P.25の**手順03**でループに通した二つ折りを長めに伸ばしてバックルに通して広げ、広げた輪に図のようにバックルを通す。

❷ コード2本を引きしめてバックルを固定する。これを裏返して結びはじめる。

伸ばしたループ
バックル

[バックルのつけ方②（終わり側）]

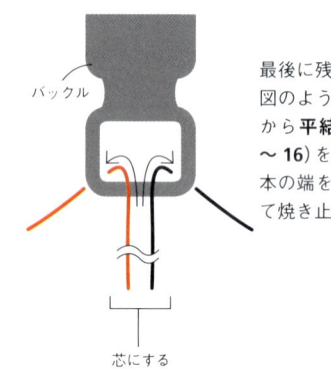

バックル
芯にする

最後に残ったコード2本を左図のようにバックルに通してから**平結び**(P.108／**手順11～16**)を1回結び、コード2本の端をギリギリでカットして焼き止めする。

① 写真プロセスの通りに**厚地くさり結び**(→P.19)を**手順03**まで結んだら、[バックルのつけ方①（スタート側）]を参照してバックルをつける。

② 写真プロセスの**手順05**に戻り、続けて**厚地くさり結び**(→P.19)を結ぶ。

③ 写真プロセスの**手順19**が終わったら、[バックルのつけ方②（終わり側）]を参照してバックルをつける。

→スタート

1㎝　17㎝　1㎝

02　歯舌結びのブレスレット　　　Photo ≫ page 14　　Tha Radula

Material

☐ メルヘン アウトドアコード
　ブルー[1629]、ホワイト[1639]　各160㎝

① 写真プロセスの通りに**歯舌結び**(→P.25)を結ぶ。

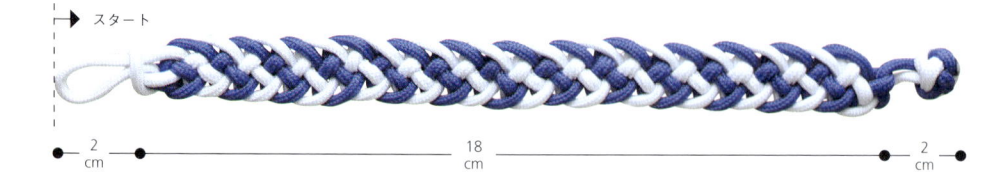

→スタート

2㎝　18㎝　2㎝

149

03 ジェノバ風くさり結びのハットバンド

Photo ≫ page 15 | Genoese Zipper Sinnet

Material

□ メルヘン アウトドアコード
　カーキ[1640]、ストロベリーカモ[1642]　各 450 ㎝
□ AG バックル[MA2364]　1 個

③ 手順 15 ～ 18 の通りにコード 2 本を始末したら、残りのコード 2 本も同様にカットし、焼き止めする。

① [スタートの仕方]のようにバックルにコードをセットする。

② ジェノバ風くさり結び(→P.22 / 手順 07 ～ 14)を写真プロセスの通りに 70cm 結ぶ。

71 cm

[スタートの仕方]

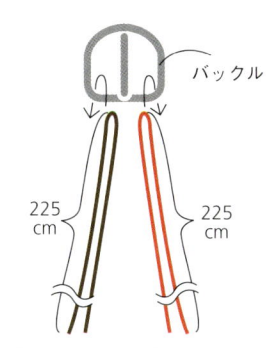

バックル

225 cm　225 cm

❶ 図のように 2 本のコードを二つ折りにし、手前からバックルに通し折り返す。

❷ 折り返したループにコード 2 本を通し、引きしめる。

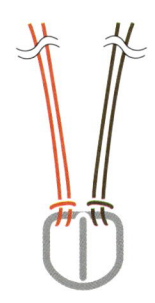

❸ 上下を逆に持ち替えて 2 色のコードを 2 本ずつに分けて持ち、**手順 07** からジェノバ風くさり結びを結ぶ。

04 シュール平結びの首輪&リード

Photo >> page 32

Surreal Solomon Bar

Material

〈首輪〉
- メルヘン アウトドアコード
  レッド[1621]、スカイブルー[1627] 各340cm
- プラスチックバックル(幅15mm) 1組
- Dカン[MA2364](幅20mm) 1個
- コキ(幅20mm) 1個

〈リード〉
- メルヘンアウトドアコード
  レッド[1621]、スカイブルー[1627] 各300cm
- AG 鉄砲カンスリム[G1049] 1個

※首輪の長さは使用中の首輪の寸法を参考に調整してください。

〈首輪〉

① [スタートの仕方]のようにコードをバックルにセットする。

② シュール平結び(→P.46／手順09〜18)を写真プロセスの通りに7cm結ぶ。

③ コキに向こう側から手前へとコード4本を通し、シュール平結びの手順09〜18を7回。Dカンを通し、コード4本をコキに手前から向こう側へと通す。

④ シュール平結びをさらに24cm結ぶ。

⑤ [結び終わり]の通りにバックルをつけ、すべてのコードの端を始末する。

[スタートの仕方]

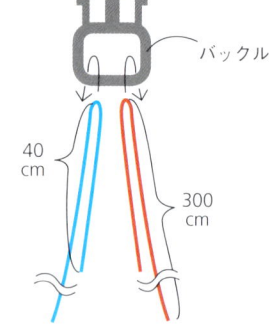

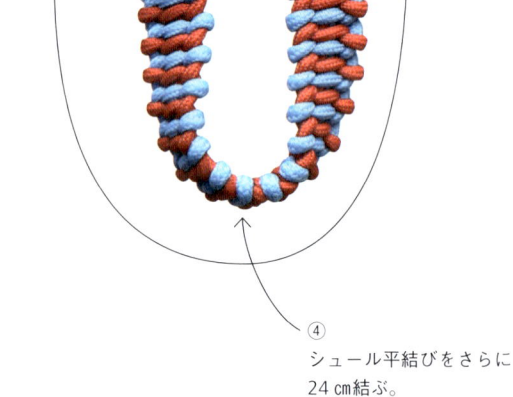

❶図のように2本のコードを二つ折りにし、手前からバックルに通し折り返す。

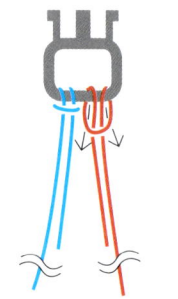

❷折り返したループにコード2本を通し、引きしめる。

[結び終わり]

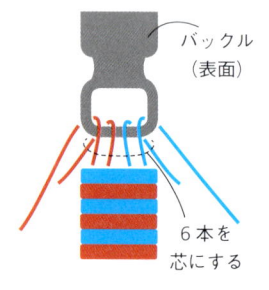

バックルの表面側から裏面側へとコード4本を通し、右端と左端のコードで残りのコードを芯にして平結び(P.108／手順11〜16)を1回結ぶ。コード4本の端をギリギリでカットして焼き止めする。

〈リード〉

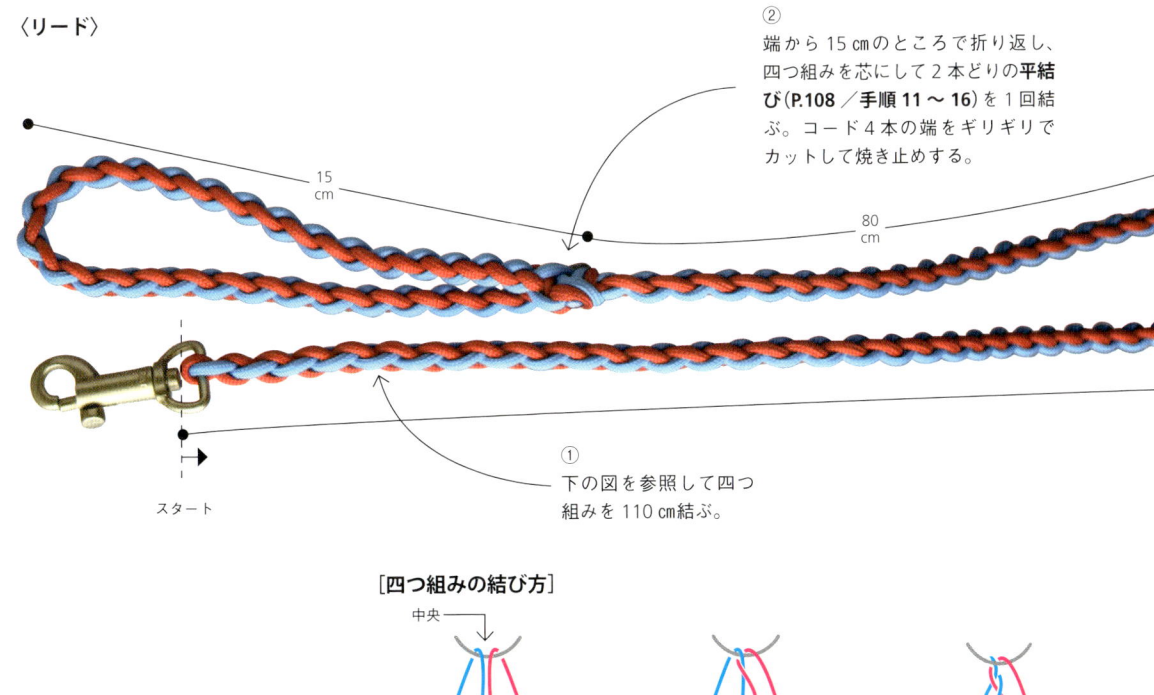

② 端から15cmのところで折り返し、四つ組みを芯にして2本どりの**平結び**(P.108／手順11〜16)を1回結ぶ。コード4本の端をギリギリでカットして焼き止めする。

15cm

80cm

スタート

① 下の図を参照して四つ組みを110cm結ぶ。

[四つ組みの結び方]

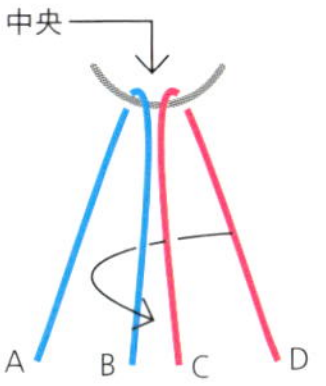

中央

❶ 図のように2本をセットし、Dを矢印のように動かしBとCの間に入れる。

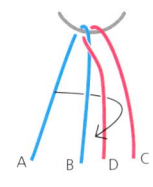

❷ Aを矢印のように動かし、BとDの間に入れる。

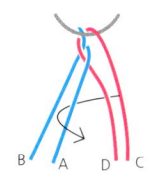

❸ Cを矢印のように動かし、AとDの間に入れる。

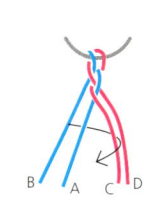

❹ Bを矢印のように動かし、AとCの間に入れる。

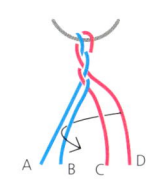

❺ Dを矢印のように動かし、BとCの間に入れる。

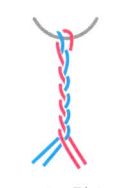

❻ ときどき引きしめながら、❷〜❺をくり返す。

05　カーブステッチング結びのキーホルダー

Photo ≫ page 33

Twist-Stitched Solomon Bar

Material

□ メルヘン アウトドアコード
　レフ - ブラック[1633]　180cm、
　イエロー[1624]　120cm

2cm

2cm

スタート

21cm

① 写真プロセスの通りに**カーブステッチング平結び**(→P.34)を結ぶ。

06 シークレットリバー結びのブレスレット

Photo » page 33　　Secret River Bar

Material
- メルヘン アウトドアコード
  アクアマリン[1628]　160cm、
  アーミーグリーン[1641]　180cm
- プチバックル[P1044]　1組

[スタートの仕方]

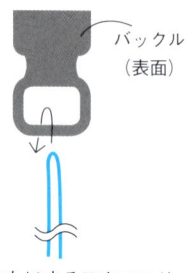

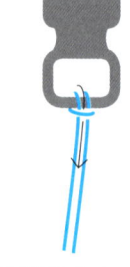

❶芯ひもにするアクアマリンを二つ折りにし、図のようにバックルに通す。

❷折り返したループにコード2本を通し、引きしめる。

[結び終わり]

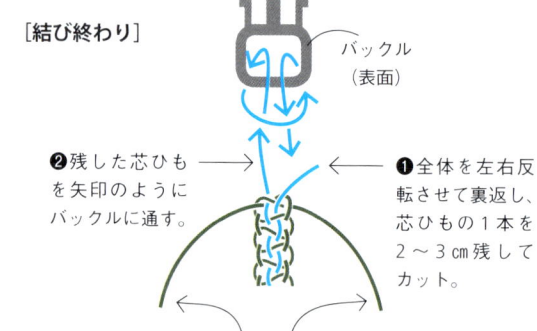

バックル（表面）

❶全体を左右反転させて裏返し、芯ひもの1本を2～3cm残してカット。

❷残した芯ひもを矢印のようにバックルに通す。

❸バックルの根元で手順17～19と同様に結び、コード4本の端をそれぞれギリギリでカットして焼き止めする。

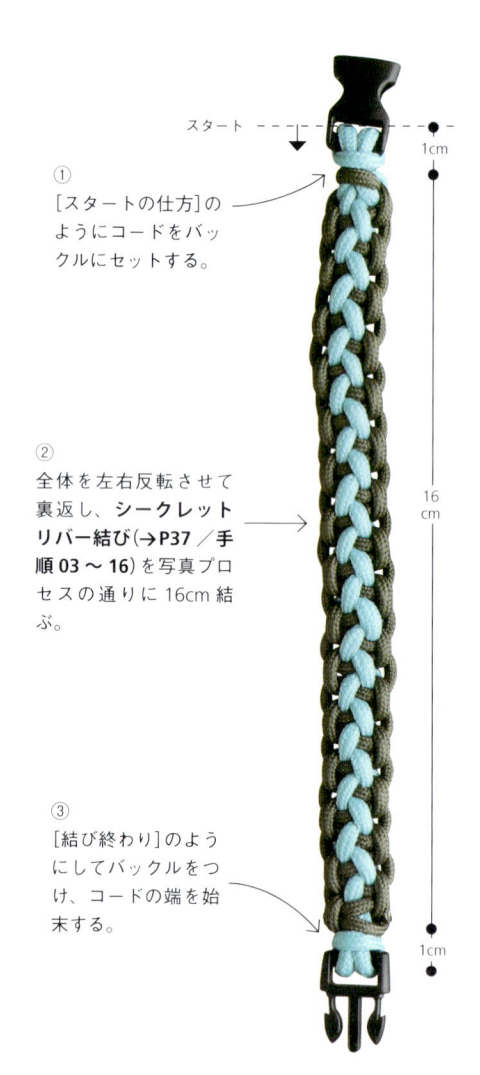

① [スタートの仕方]のようにコードをバックルにセットする。

② 全体を左右反転させて裏返し、シークレットリバー結び(→P.37／手順03～16)を写真プロセスの通りに16cm結ぶ。

③ [結び終わり]のようにしてバックルをつけ、コードの端を始末する。

1cm / 16cm / 1cm

---

07 レインボー四つだたみのキーホルダー

Photo » page 50　　Spectrally Clustered Crown Sinnet

Material
- メルヘン アウトドアコード
  オレンジ[1623]、アクアマリン[1628]、
  アーミーグリーン[1641]　各120cm
- プチキーリング[BK1043]　1個

① レインボー四つだたみ(→P.62)の手順01のループにキーリングを通しておく。

② 写真プロセスの通りにレインボー四つだたみを結ぶ。

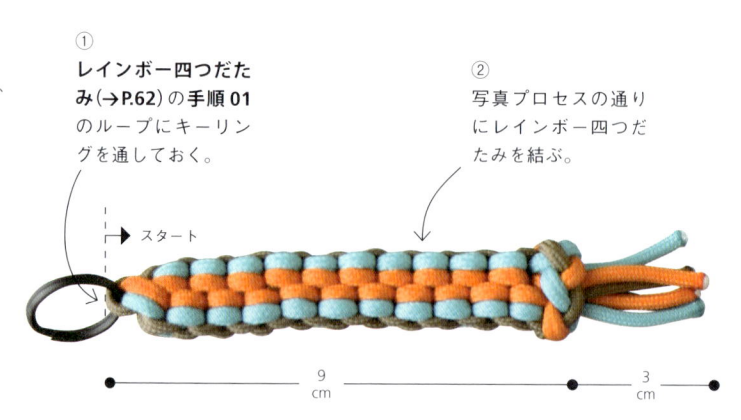

9cm / 3cm

153

08 コークスクリュー四つだたみのキーホルダー

Photo » page 50 | Corkscrew Crown Sinnet

Material

- □ メルヘン アウトドアコード
  パープル[1630]、
  ホワイト[1639]　各 140 cm
- □ プチキーリング[BK1043]　1 個

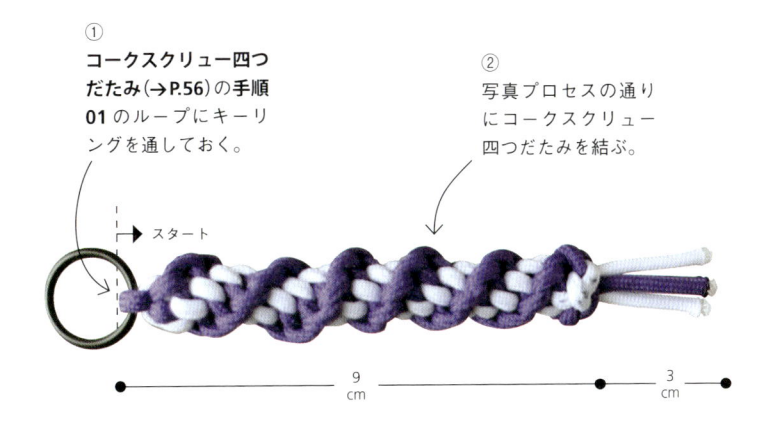

① コークスクリュー四つだたみ(→P.56)の手順01のループにキーリングを通しておく。

② 写真プロセスの通りにコークスクリュー四つだたみを結ぶ。

→スタート

9 cm　3 cm

09 丸四つだたみのキーホルダー

Photo » page 50 | Round Crown Sinnet

Material

- □ メルヘン アウトドアコード
  イエロー[1624]、グリーン[1626]　各 120 cm
- □ プチキーリング[BK1043]　1 個

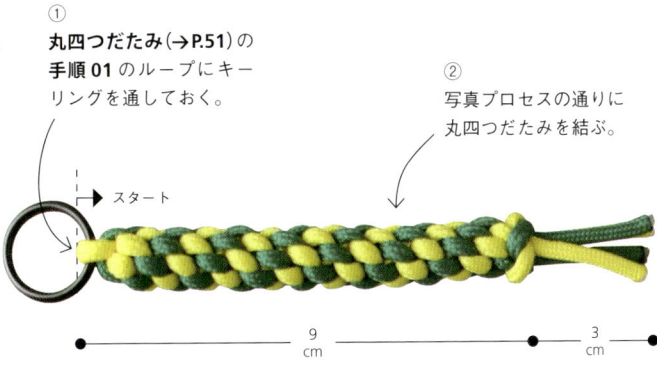

① 丸四つだたみ(→P.51)の手順01のループにキーリングを通しておく。

② 写真プロセスの通りに丸四つだたみを結ぶ。

→スタート

9 cm　3 cm

14 ティキバーのブレスレット

Photo » page 84 | Tiki Bar

Material

- □ メルヘン アウトドアコード
  アーミーグリーン[1641]　200 cm、
  ホワイト[1639]　180 cm

① 写真プロセスの通りにティキバー(→P.96)を結ぶ。

→スタート

2 cm　17 cm　2 cm

10 デザートフラワーメダルのバッグチャーム

Photo » page 68 — Desert Flower Medallion

Material
□ メルヘン アウトドアコード
〈ピンク〉マゼンタ[1622]　130 ㎝、レフ - ブラック[1633]　80 ㎝
〈イエローグリーン〉イエローグリーン[1625] 130 ㎝、レフ - グレー[1632]　80 ㎝

① 写真プロセスの通りに**デザートフラワーメダル**(→P.80)を結ぶ。
※手順 04 でループの高さを約 13 ㎝にする

スタート
3 ㎝　4 ㎝　13 ㎝

11 デザートフラワーメダルのネックレス

Photo » page 68 — Desert Flower Medallion

Material
□ メルヘン アウトドアコード
ホワイト[1639]　210 ㎝、フレンチカモ[1637]　150 ㎝

① 写真プロセスの通りに**デザートフラワーメダル**(→P.80)を結ぶ。
※手順 04 でループの高さを約 35 ㎝にする

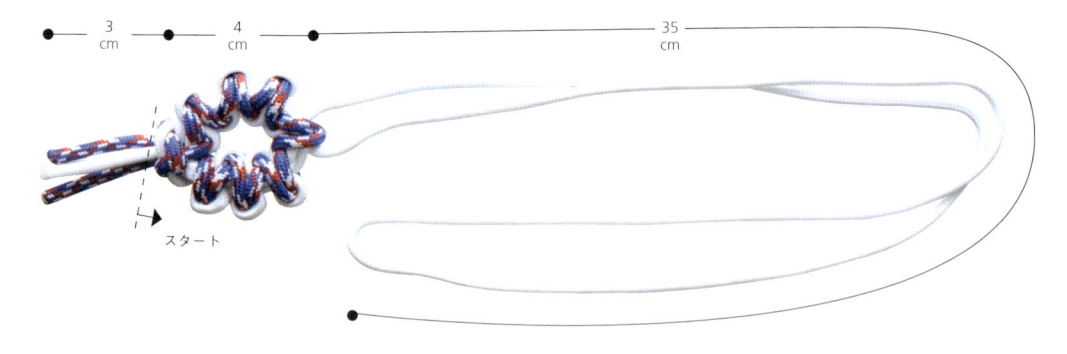

3 ㎝　4 ㎝　35 ㎝
スタート

15 つゆ結び入りロングステッチエンドレスフォールのブレスレット

Photo » page 84 — Snakes Climbing Chained Endless Fall

Material
□ メルヘン アウトドアコード
A：レフ - グレー[1632]　200 ㎝、
B：レッド[1621]　220 ㎝、
C：カーキ[1640]　220 ㎝

★**つゆ結び入りロングステッチエンドレスフォール**(→P.92)写真プロセスの緑コードがA色、オレンジコードがB色、黄コードがC色

① 写真プロセスの通りに**つゆ結び入りロングステッチエンドレスフォール**(→P.92)を結ぶ。

スタート
2 ㎝　18 ㎝　2 ㎝

12 ワイドサインウエーブ結びのジッププル

Photo ≫ page 69 | Wide Sine Wave Sinnet

Material

□ メルヘン アウトドアコード
　〈イエロー × グリーン × サンドカモ〉
　A：イエロー[1624]　120㎝
　B：サンドカモ[1634]　120㎝
　C：アーミーグリーン[1641]　120㎝
　〈レッド × ホワイト × ブルー〉
　A：レッド[1621]　120㎝
　B：ホワイト[1639]　120㎝
　C：ブルー[1629]　120㎝
□ 二重リング　直径12㎜　1個　※各配色共通

★ワイドサインウエーブ結び(→P.74)写真プロセスの茶コードがA色、白コードがB色、ベージュコードがC色

① ワイドサインウエーブ結び(→P.74)のA色のコード中央に二重リングを通しておく。

② 写真プロセスの通りにワイドサインウエーブ結びを結ぶ。
※手順10～21のくり返し回数は6回

7㎝ / 3㎝

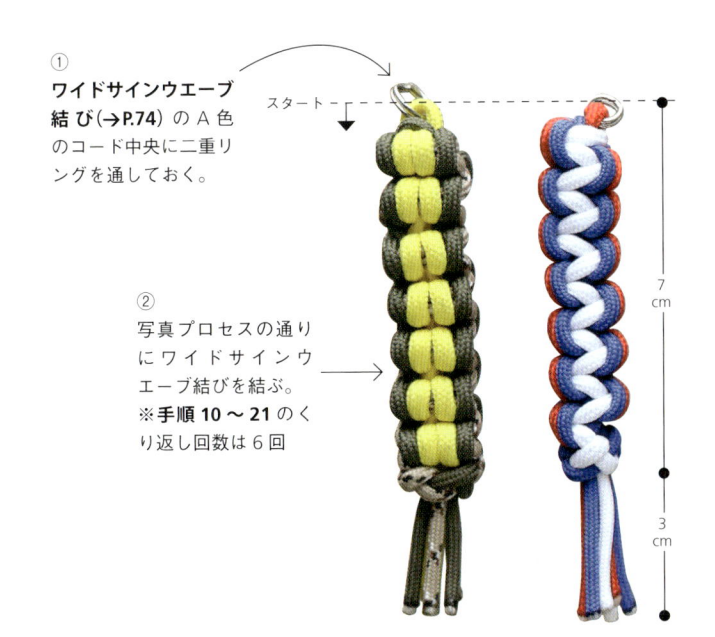

13 色分けサインウエーブ結びのジッププル

Photo ≫ page 69 | Divided Sine Wave Sinnet

Material

□ メルヘン アウトドアコード
　〈グリーン × ブルー × ホワイト〉
　A：グリーン[1626]　90㎝
　B：スカイブルー[1627]　90㎝
　C：ホワイト[1639]　90㎝
　〈パープル × グレー × オレンジ〉
　A：パープル[1630]　90㎝
　B：レフ-グレー[1632]　90㎝
　C：オレンジ[1623]　90㎝
□ 二重リング　直径12㎜　1個　※各配色共通

★色分けサインウエーブ結び(→P.72)写真プロセスの青コードがA色、オレンジコードがB色、白コードがC色

① 色分けサインウエーブ結び(→P.72)のA色のコード中央に二重リングを通しておく。

② 写真プロセスの通りに色分けサインウエーブ結びを結ぶ。
※手順08～15のくり返し回数は6回

6㎝ / 3㎝

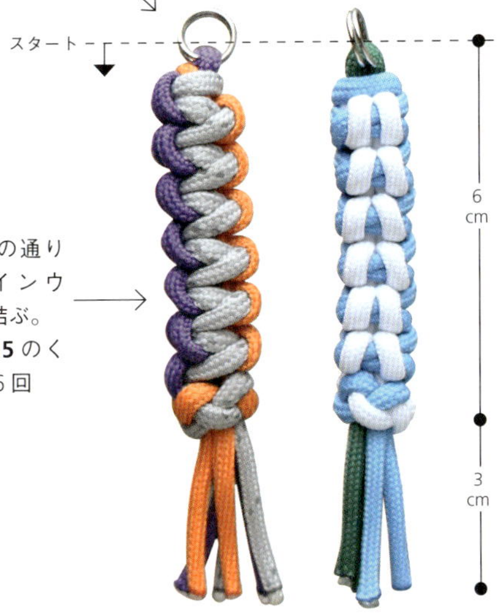

16 ツインつゆ結びのカメラストラップ

Photo ≫ page 85　　Mated Snake Knot

Material

- メルヘン アウトドアコード
  - レフ - ブラック[1633]　450 ㎝、
  - フェスカモ[1645]　300 ㎝
- コネクティングパーツ[P1045]　2 個

★ツインつゆ結び(→P.90)写真プロセスのグレーがレフ - ブラック、ピンクがフェスカモ

[結び終わり]

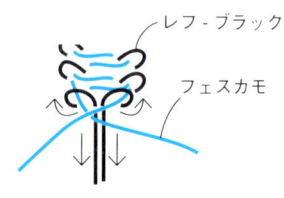

レフ - ブラック
フェスカモ

❶写真プロセスの**手順 16** から続けて、図のようにフェスカモ 2 本を交差させ、レフ - ブラックを巻きつける。

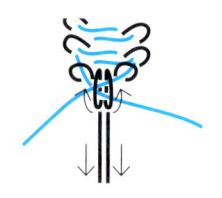

❷図のようにフェスカモにもう一度レフ - ブラックを巻きつける。巻きつけたコード 2 本は①で巻いたコードの間から下へ出し、コード 4 本をしっかり引きしめたらフェスカモ 2 本の端をカットし、焼き止めする。

② ツインつゆ結び(→P.90)の**手順 03** のループを高さ 30 ㎝分引き出す。

スタート

29 ㎝

29 ㎝

④ [結び終わり]のようにしてフェスカモ 2 本の端を始末する。

③ 写真プロセスの通りにツインつゆ結びを 30 ㎝結ぶ。

30 ㎝

① ループの先に[ストラップパーツのつけ方①]のようにパーツをつける。

⑤ [ストラップパーツのつけ方②]のようにしてストラップパーツをつけ、レフ - ブラックの端も始末する。

[ストラップパーツのつけ方①]

ストラップパーツ

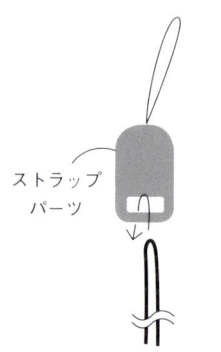

❶レフ - ブラックを中央で二つ折りにし、図のようにバックルに通す。

❷折り返したループにコード 2 本を通し、引きしめる。

[ストラップパーツのつけ方②]

ストラップパーツ

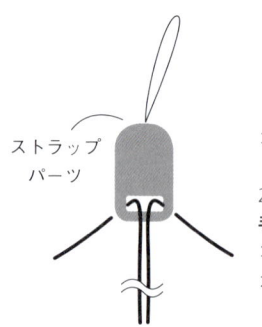

コード 2 本を左図のようにストラップパーツに通してから 29 ㎝あけて**平結び**(P.108／**手順 11 〜 13**)を 1 回結び、コード 2 本の端をギリギリでカットして焼き止めする。

17 フラッシュライトストラップ

Photo ≫ page 102

Tactical Flashlight Strap

Material

☐ メルヘン アウトドアコード
　〈小型懐中電灯〉
　　ダイヤモンドカモ[1643]　200㎝
　〈手回し充電器つきラジオ〉
　　ストロベリーカモ[1642]　260㎝
※使用量はつけるアイテムにより異なります。ストラップの長さは取りつけ位置の長さ＋3㎝が目安です。コード使用量はストラップ1㎝につきコード20㎝を目安に増減させてください。

[丸カンがない場合のコードのつけ方]

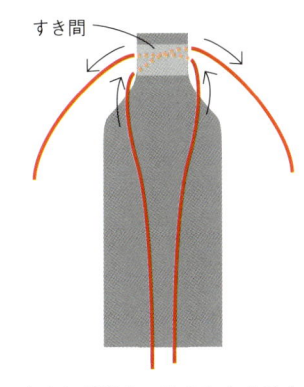

すき間

丸カンが取りつけられなくてもコードを通すすき間があるアイテムの場合は、**手順10**の代わりに上図のように2本のコードをすき間に互い違いに通して**手順11**以降を続ける。

〈小型懐中電灯〉

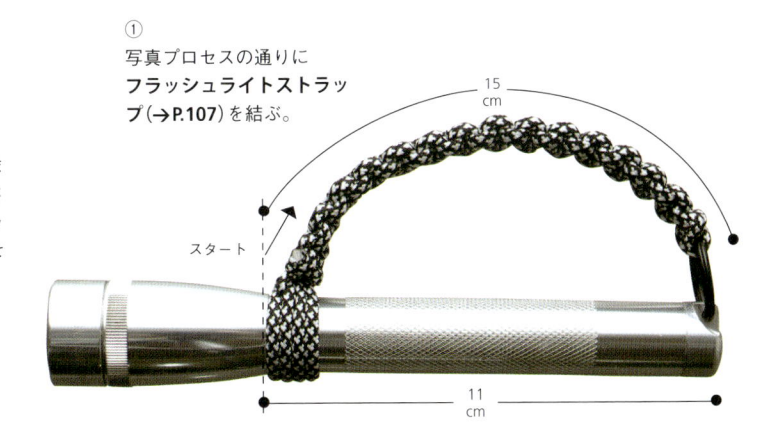

① 写真プロセスの通りに**フラッシュライトストラップ**(→P.107)を結ぶ。

15㎝　スタート　11㎝

〈手回し充電器つきラジオ〉

18㎝　スタート　15㎝

① 写真プロセスの通りに**フラッシュライトストラップ**(→P.107)を結ぶ。
※反対側にコードをつける方法は[丸カンがない場合のコードのつけ方参照]

---

19 六角シークレットケース

Photo ≫ page 124

Hexagonal Secret Compartment Fob

Material

☐ メルヘン アウトドアコード
　イエローグリーン[1625]、
　アクアマリン[1628]、
　パープル[1630]　各120㎝

① 写真プロセスの通りに**六角シークレットケース**(→P.129)を結ぶ。

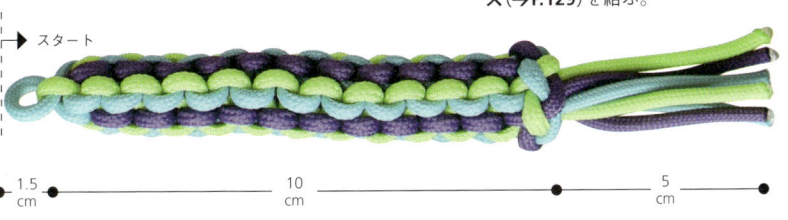

スタート　1.5㎝　10㎝　5㎝

18 すべり止めグリップカバー

Photo ≫ page 103　Non-Slip Machete Grip

Material

☐ メルヘン アウトドアコード
　〈ピッケル〉
　　イタリアンカモ[1636]　900㎝
　〈ステッキ〉
　　フレンチカモ[1637]　800㎝
☐ AS 丸カン[S1018]　直径1㎝　2個
※ ピッケルのみ

〈ステッキ〉

① 写真プロセスの通りに**すべり止めグリップカバー**（→P.110）を結ぶ。

13㎝

9.5㎝

→スタート

② 写真プロセスの通りに**すべり止めグリップカバー**（→P.110／手順01〜13）を結ぶ。

→スタート

10㎝

中継部分の長さ 50㎝

13㎝

① 石づきカバーの穴に丸カンを通しておく。

〈ピッケル〉

[丸カンの通し方]

丸カン2個をつなぐ
穴
石づきキャップ

③ コード2本を本体と50㎝間隔をあけて①の丸カンに通し、下のようにして**手順18**以降を続ける。

←本体
石づきキャップ
25㎝分を芯にする
この2本で平結びを結ぶ

20 シークレットケース（オリジナルバージョン）

Photo ≫ page 124　Secret Compartment Fob(Original)

Material

☐ メルヘン アウトドアコード
　マゼンタ[1622]、
　スカイブルー[1627]、
　ホワイト[1639]　各120㎝

① 写真プロセスの通りに**シークレットケース**（→P.126）を結ぶ。

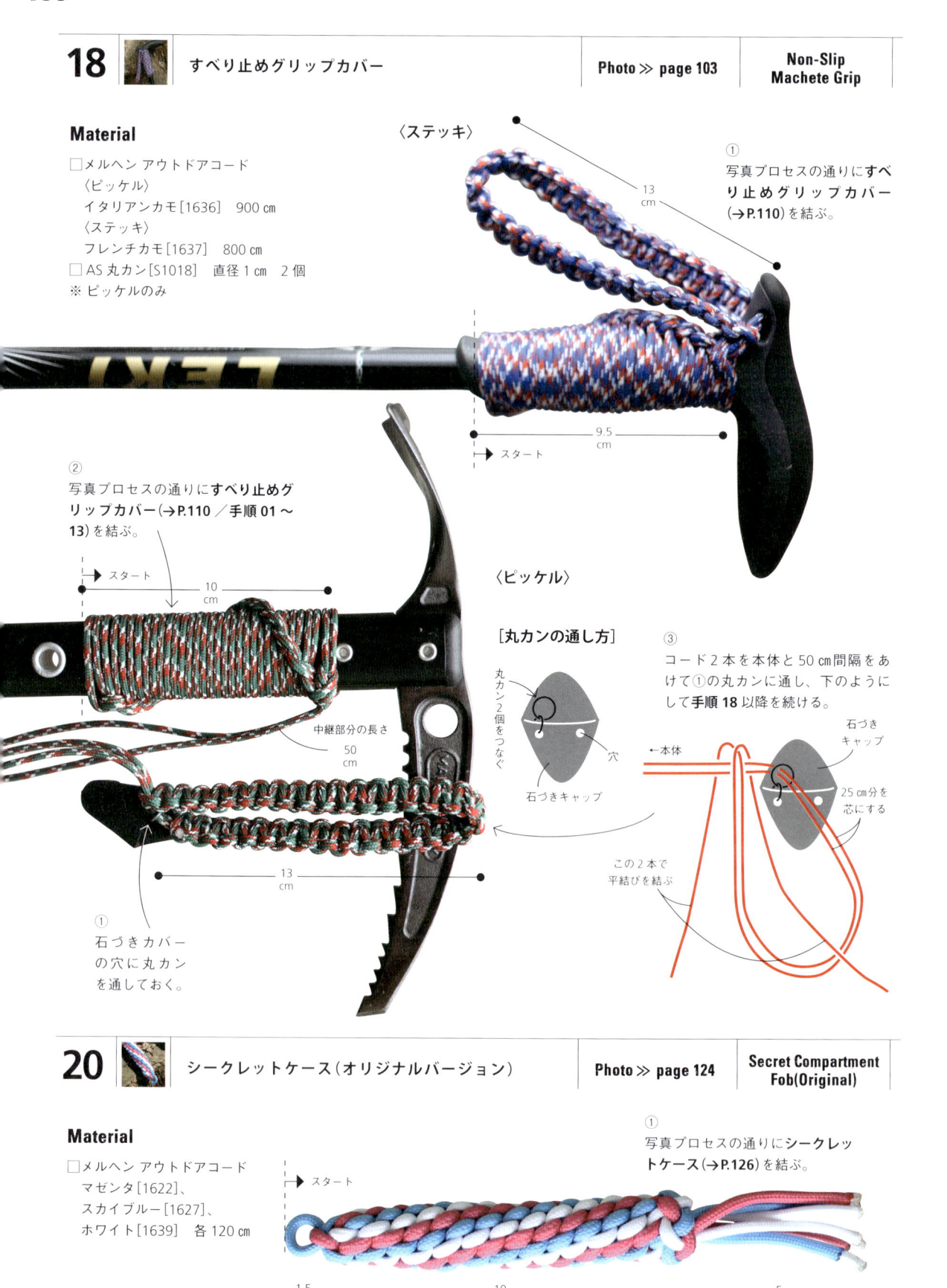

→スタート

1.5㎝　　10㎝　　5㎝

21　折りたたみナイフポーチ

Photo ≫ page 125　　**Utility Knife Pouch**

Material

□メルヘン アウトドアコード
　A：ブルー［1629］、
　B：カーキ［1640］　各 500 ㎝
※ポーチの長さは入れるものに合わせて調整してください。

★折りたたみナイフポーチ（→P.136）写真プロセスの青コードがA色、白コードがB色

① 写真プロセスの通りに**折りたたみナイフポーチ**（→P.136）を結ぶ。
※ **手順09** で長さを12㎝にする。

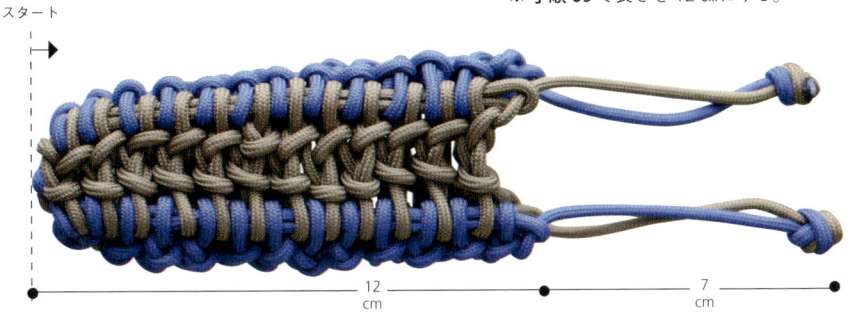

22　ドラゴンエッグポーチ

Photo ≫ page 125　　**Dragon Egg Pouch**

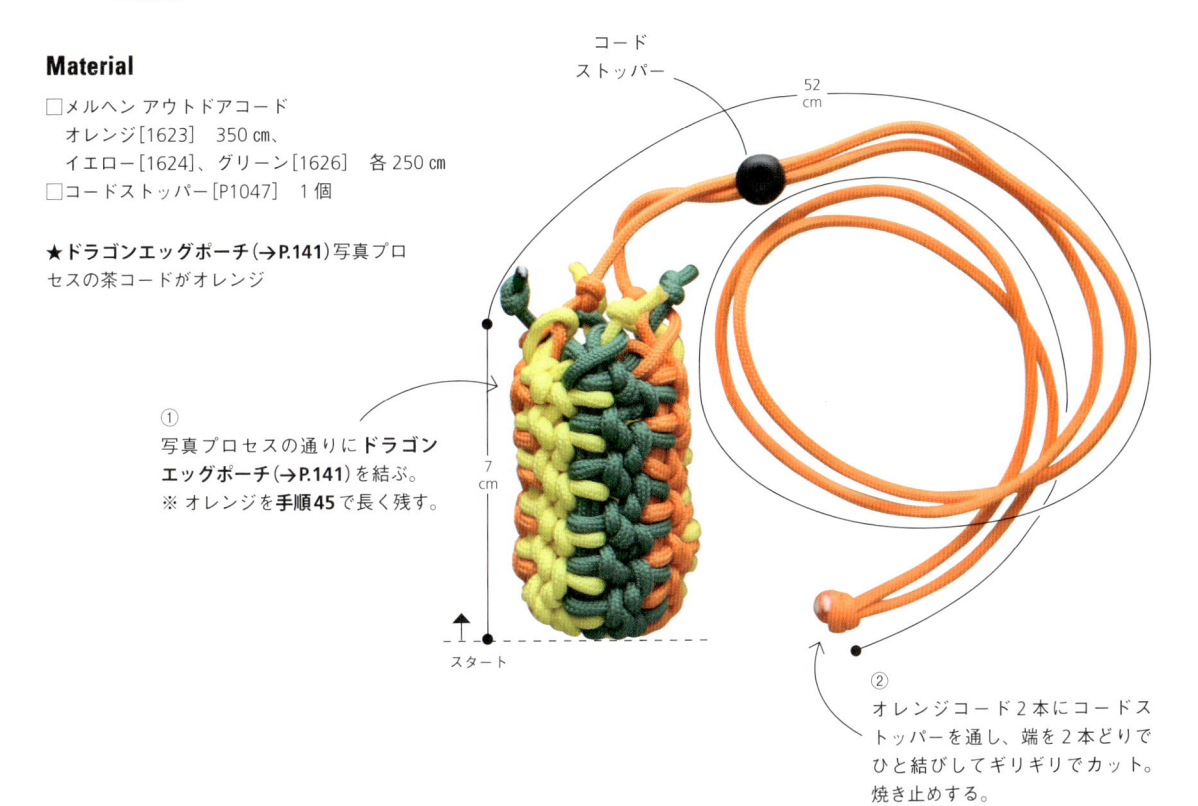

Material

□メルヘン アウトドアコード
　オレンジ［1623］　350 ㎝、
　イエロー［1624］、グリーン［1626］　各 250 ㎝
□コードストッパー［P1047］　1個

★ドラゴンエッグポーチ（→P.141）写真プロセスの茶コードがオレンジ

① 写真プロセスの通りに**ドラゴンエッグポーチ**（→P.141）を結ぶ。
※ オレンジを**手順45**で長く残す。

② オレンジコード2本にコードストッパーを通し、端を2本どりでひと結びしてギリギリでカット。焼き止めする。

PROFILE
J.D. Lenzen（ジェイ・ディー・レンゼン）

人気のYouTubeチャンネル「Tying It All Together」の運営者であり、同チャンネルで公開されている200種以上のチュートリアルビデオのプロデューサー、クリエイター。既存のさまざまな結び技法を融合したオリジナル技法「フュージョン結び（Fusion Knots）」を開発し、その高度な技術はインターナショナルギルドオブノットタイヤーズ（IGKT）からも認められている。著書に『パラコードクラフト パーフェクトブック』（原題『Paracord Fusion Ties - Volume1』）、『Decorative Fusion Knots』（日本語版未発売）などがある。結びのほかに、小説、イラスト、映画製作などを手がけるアーティストでもある。アメリカ・カリフォルニア州サンフランシスコ在住。
http://www.fusionknots.com/

STAFF（日本語版）

撮影　　　　永禮 賢（カバー／P.1-2／P.7／各章作品ページ／P.160）
　　　　　　著者（上記以外）
作品制作　　tama5
モデル　　　高橋くるみ
制作協力　　メルヘンアートスタジオ
翻訳協力・制作進行協力　佐藤公美
編集　　　　笠井良子（グラフィック社）

撮影協力

有限会社さかいやスポーツ
〒101-0051　東京都千代田区神田神保町2-22
http://www.sakaiya.com
P.14 水筒（STANLEY：ADVENTURE STAINLESS STEEL FLASK）／P.15 帽子（MILLET：MIVO1287 POCKETABLE HAT）／P.68 ウエストバッグ（karrimor：AC hip bag）／P.69 バックパック（THE NORTH FACE：NM71450 BIG SHOT Ⅱ）、単眼鏡（ESCHENBACH：単眼鏡 8×25）、ランタン（Black Diamond：Apollo BD81004）

パラコードクラフト ミラクルブック
Paracord Craft Miracle Book

2015年6月25日　　初版第1刷発行
2023年1月25日　　初版第8刷発行

著　者　　ジェイ・ディー・レンゼン
発行者　　西川正伸
発行所　　株式会社 グラフィック社
　　　　　〒102-0073　東京都千代田区九段北1-14-17
　　　　　TEL 03-3263-4318　FAX 03-3263-5297
　　　　　http://www.graphicsha.co.jp
　　　　　振替 00130-6-114345
印刷・製本　図書印刷株式会社

乱丁・落丁の場合はお取り替え致します。
本書のコピー、スキャン、デジタル化等の無断複製は著作権法上の例外を除き禁じられています。本書を代行業者等の第三者に依頼してスキャンやデジタル化することは、たとえ個人や家庭内での利用であっても著作権法上認められておりません。

ISBN 978-4-7661-2765-2 C2076
© J.D.Lenzen 2015 Printed in Japan